DE RIJKE SMAKEN VAN OMAN

100 recepten die de authentieke smaak van de Omaanse keuken vieren

MEES VAN LEEUWEN

Auteursrechtmateriaal ©2023

Alle rechten voorbehouden

Geen enkel deel van dit boek mag in welke vorm of op welke manier dan ook worden gebruikt of overgedragen zonder de juiste schriftelijke toestemming van de uitgever en eigenaar van het auteursrecht, met uitzondering van korte citaten die in een recensie worden gebruikt. Dit boek mag niet worden beschouwd als vervanging voor medisch, juridisch of ander professioneel advies.

INHOUDSOPGAVE

INHOUDSOPGAVE 3
INLEIDING 6
ONTBIJT 8
   1. Omaans brood (Khubz Ragag) 9
   2. Omani Chebab (pannenkoeken) 11
   3. Omaanse Shakshuka 13
   4. Omani Laban (yoghurt) met dadels 15
   5. Omaanse broodomelet 17
   6. Omaanse Khabeesa 19
   7. Smoothie met yoghurt en dadels 21
   8. Omaanse sardine en aardappelhasj 23
   9. Omani Ful Medames 25
   10. Omaanse Kaas Paratha 27
   11. Omaanse Maldouf FlatBread 29
SNACKS EN VOORGERECHTEN 31
   12. Assortiment dadelsschotel 32
   13. Omaanse fout 34
   14. Samosa 36
   15. Omani Khubz-chips (platbrood) 39
   16. Omaanse dadels met amandelen 41
   17. Omani gevulde wijnbladeren (Warak Enab) 43
   18. Omani Lahm Bi Ajeen (vleespasteien) 45
   19. Omaanse falafel 47
   20. Omaanse Spinazie Fatayer 49
   21. Omani Gegrilde Halloumi 51
HOOFDGERECHT 53
   22. Omaanse haversoep (Shorba) 54
   23. Qabuli (Afghaanse rijstpilaf) 56
   24. Omaanse traditionele Mashuai 58
   25. Mandirijst met kip 60
   26. Majboos (Omani gekruide rijst met kip) 62
   27. Traditionele kippenhazen uit één pot 64
   28. Omaanse vishazen 66
   29. Kip Shoarma 68
   30. Omaanse Shuwa 71
   31. Omaanse Mishkak 74
   32. Kip Kabsa 76
   33. Omaanse Arsia 79
   34. Omaanse Kip Biryani 82
   35. Omaanse viscurry (Saloonat Samak) 85
   36. Omani Lam Kabsa 87
   37. Omani Groente Saloona 89
   38. Omani Lam Mandi 91
   39. Omani Lam Kabuli 93

40. Omani Kofta met Courgettesaus 95
41. Madrouba 97
42. Kip met ui en kardemomrijst 100
43. Rundvleesgehaktballetjes met tuinbonen en citroen 103
44. Lamsgehaktballetjes met berberissen, yoghurt en kruiden .106
45. Gersterisotto met gemarineerde feta 109
46. Geroosterde kip met clementines 112
47. Mejadra 114
48. Couscous met tomaat en ui 117

SOEPEN 119
49. Geroosterde Wortelsoep met Dukkah Kruiden 120
50. Marak Samak (Omanische vissoep) 123
51. Shorbat Adas (Omani-linzensoep) 125
52. Shorbat Khodar (Omanische groentesoep) 127
53. Limoenkippensoep 129
54. Harira (Omani gekruide kikkererwtensoep) 131
55. Shorbat Hab (Omanische linzen- en gerstsoep) 133
56. Omaanse Groentenshurbah 135
57. Omaanse tomatenvissoep 137
58. Omani-Balochi Citroenviscurry (Paplo) 139
59. Waterkers-kikkererwtensoep met rozenwater 141
60. Warme yoghurt-gerstsoep 143

SALADES 145
61. Omaanse zeevruchtensalade 146
62. Omaanse tomaten- en komkommersalade 148
63. Omaanse spinazie-granaatappelsalade 150
64. Omaanse kikkererwtensalade (Salatat Hummus) 152
65. Omaanse taboulehsalade 154
66. Omaanse Fattoush-salade 156
67. Omaanse bloemkool-, bonen- en rijstsalade 158
68. Omaanse dadel- en walnootsalade 160
69. Omaanse wortel- en sinaasappelsalade 162
70. Omaanse quinoasalade 164
71. Omaanse rode biet-yoghurtsalade 166
72. Omaanse koolsalade 168
73. Omaanse linzensalade (Salatat-advertenties) 170

DESSERT 172
74. Omaanse rozenwaterpudding (Mahalabiya) 173
75. Omani Halwa (zoete geleidessert) 175
76. Omaanse Mushaltat 177
77. Omaanse dadeltaart 180
78. Omaanse Qamar al-Din-pudding 182
79. Kardemom Rijstpudding 184
80. Omani Luqaimat (zoete dumplings) 186
81. Omaanse rozenkoekjes (Qurabiya) 188
82. Omaanse bananen- en dadeltaart 190

    83. Omaans saffraanijs 192
    84. Omani Roomkaramel (Muhallabia) 194
DRANKEN **196**
    85. Kasjmir Kahwa 197
    86. Omaanse Sherbat 199
    87. Omaanse muntlimonade (Limon w Nana) 201
    88. Omaanse Sahlab 203
    89. Omaans tamarindesap (Tamar Hindi) 205
    90. Omaanse rozenwaterlimonade 207
    91. Omaanse Jallab 209
    92. Omaanse saffraanmelk (Haleeb al-Za'fran) 211
    93. Omaanse bananendadelsmoothie 213
    94. Omaanse granaatappelmocktail 215
    95. Omaanse saffraanlimonade 217
    96. Omaanse kaneel-dadelshake 219
    97. Omaanse kokos-kardemomshake 221
    98. Omani muntachtige groene thee 223
    99. Omaanse oranjebloesem-ijsthee 225
    100. Omani Granaatappelmuntkoeler 227
CONCLUSIE **229**

INVOERING

Ga met ons mee op een opmerkelijke reis door de pagina's van "De rijke smaken van oman", een culinaire odyssee die je uitnodigt om de authentieke smaken van de Omaanse keuken te ontdekken en ervan te genieten. Dit kookboek is een eerbetoon aan het rijke scala aan smaken van het Sultanaat, een levendig mozaïek dat de diverse culinaire tradities verweeft die door de eeuwen heen weerklinken.

Sluit je ogen en stel je de bruisende souks voor, de hartslag van de Omaanse culinaire cultuur. Stel je de aromatische kruidenmarkten voor waar geuren door de lucht dansen en je zintuigen prikkelen met beloften van ingewikkelde kruidenmengsels die al generaties lang worden gekoesterd. Stel je de familiekeukens voor, waar de alchemie van de Omaanse keuken zich ontvouwt: een heilige ruimte waar de kunst van het eten door de tijd heen wordt doorgegeven, van generatie op generatie.

Op de pagina's van dit kookboek dient elk recept als een levend bewijs van de diepgewortelde tradities die elk gerecht van een verhaal voorzien. Het is een verhaal over erfgoed, een ode aan de gemeenschap en een viering van de diepe liefde die gepaard gaat met het maken van elke smaakvolle hap. De smaken van Oman zijn meer dan een smaakervaring; ze zijn een verkenning van culturele rijkdom, een reis naar het hart van een natie, verteld door middel van culinaire creaties.

Van de kenmerkende aroma's van Omaanse kruiden die je naar de levendige markten brengen, tot de kunstzinnige presentatie van traditionele gerechten die verhalen vertellen over bijeenkomsten en gedeelde maaltijden: dit kookboek overstijgt het gewone. Het is niet alleen een compilatie van recepten; het is een meeslepende culturele verkenning, een reis naar de ziel van de Omaanse keukens. Of je nu een doorgewinterde chef-kok bent die je repertoire wil uitbreiden of een nieuwsgierige beginneling die zich wil verdiepen in de wereld van de Omaanse smaken, laat dit boek je gids zijn.

Dus ga met ons mee op deze smaakvolle expeditie: een reis die een eerbetoon is aan de authenticiteit, diversiteit en ongeëvenaarde smaken van de Omaanse keuken. Moge uw keuken een canvas worden voor de geuren en smaken die de Omaanse huishoudens al generaties lang sieren. Laten we samen de schoonheid van de culinaire diversiteit vieren, en moge uw reis door "De rijke smaken van oman" gevuld zijn met de warmte van de Omaanse gastvrijheid en de vreugde die voortkomt uit het verkennen van het hart en de ziel van dit buitengewone culinaire erfgoed. Welkom in een wereld waar elk gerecht een hoofdstuk is in het verhaal van de Omaanse smaken.

ONTBIJT

1.Omaans brood (Khubz Ragag)

INGREDIËNTEN:
- 2 kopjes bloem
- 1 theelepel zout
- Water

INSTRUCTIES:
a) Meng de bloem en het zout in een grote kom en klop ze samen.
b) Voeg geleidelijk water toe aan het bloemmengsel en zorg voor een grondige menging. Pas de waterhoeveelheid aan op basis van de gewenste uiteindelijke textuur:
c) Voor dun, crêpe-achtig brood voegt u een kopje water toe, totdat de consistentie dunner is dan die van pannenkoekbeslag, zodat u het over een pan kunt gieten.
d) Voor dikker, pita-achtig brood voegt u in eerste instantie ongeveer ½ kopje water toe, waarbij u streeft naar een deegdikte die vergelijkbaar is met die van traditioneel brooddeeg. Er kan extra water nodig zijn, maar voeg het stapsgewijs toe en kneed het grondig om de behoefte te bevestigen.
e) Verhit een grote pan, bij voorkeur gekruid gietijzer, op middelhoog vuur.
f) Als u het dunnere deeg gebruikt, giet het dan in de pan en draai het rond om het oppervlak dun te bedekken. Let op: Met deze methode kan slechts één brood tegelijk worden gemaakt.
g) Als u het dikkere deeg gebruikt, knijp het dan in kleine balletjes en druk deze plat met uw handpalmen voordat u ze in de pan legt. Met deze methode kunnen meerdere broden tegelijkertijd worden bereid, afhankelijk van hun grootte.
h) Voor de dunnere versie: kook ongeveer een minuut. Zodra het midden stolt, gebruik je een spatel om het nog eens 30 seconden om te draaien. Breng het over naar een bord en herhaal het proces met het resterende beslag.
i) Voor de dikkere versie kook je iets langer dan een minuut. Wanneer de randen beginnen uit te harden, draait u ze om met een spatel en kookt u nog eens 30 seconden tot 1 minuut. Als je klaar bent, ga je naar een bord en herhaal je met het resterende beslag.
j) Serveer het Omani Brood warm, op zichzelf of naast aanvullende gerechten. Genieten!

2.Omaanse Chebab (pannenkoeken)

INGREDIËNTEN:
- 2 kopjes bloem
- 1/2 kop griesmeel
- 1/2 kopje suiker
- 1/2 theelepel gist
- 2 kopjes warm water
- Ghee om te koken

INSTRUCTIES:
a) Meng de bloem, griesmeel, suiker, gist en warm water in een kom tot een beslag. Laat het een uur rusten.
b) Verhit een bakplaat of pan en vet in met ghee.
c) Giet een pollepel beslag op de bakplaat en kook tot er belletjes op het oppervlak verschijnen.
d) Draai de pannenkoek om en bak de andere kant goudbruin.
e) Serveer warm met honing of dadelsiroop.

3.Omaanse Shakshuka

INGREDIËNTEN:
- 4 eieren
- 1 ui, fijngehakt
- 2 tomaten, in blokjes gesneden
- 2 teentjes knoflook, fijngehakt
- 1 rode paprika, gehakt
- 1 groene chilipeper, gehakt
- Omaanse kruidenmix
- Zout en peper naar smaak
- Verse koriander, gehakt

INSTRUCTIES:
a) Fruit in een pan de uien, knoflook, paprika en groene chili tot ze zacht zijn.
b) Voeg de in blokjes gesneden tomaten en de Omaanse kruidenmix toe. Kook tot de tomaten zacht zijn.
c) Maak kuiltjes in het mengsel en breek de eieren erin.
d) Dek de pan af en kook tot de eieren naar wens gaar zijn.
e) Breng op smaak met zout, peper en verse koriander voordat je het serveert.

4.Omani Laban (yoghurt) met dadels

INGREDIËNTEN:
- 2 kopjes yoghurt
- 1/2 kop dadels, ontpit en gehakt
- 2 eetlepels honing
- Amandelen of walnoten, gehakt (optioneel)
- Gemalen kardemom, voor de smaak

INSTRUCTIES:
a) Klop de yoghurt tot een gladde massa.
b) Meng de gehakte dadels en honing erdoor.
c) Garneer met gehakte noten en een snufje gemalen kardemom.
d) Zet het een tijdje in de koelkast voordat je het serveert voor een verfrissende smaak.

5. Omaanse broodomelet

INGREDIËNTEN:
- 4 Omaans brood (Rukhal)
- 4 eieren
- 1/2 kopje in blokjes gesneden ui
- 1/2 kop in blokjes gesneden tomaten
- 1/4 kop gehakte peterselie
- Zout en peper naar smaak

INSTRUCTIES:
a) Klop de eieren los in een kom en breng op smaak met peper en zout.
b) Verhit een pan en voeg de in blokjes gesneden ui en tomaten toe, bak tot ze zacht zijn.
c) Giet de losgeklopte eieren over de groenten en laat koken tot de randen stevig zijn.
d) Strooi de gehakte peterselie erover en vouw de omelet dicht.
e) Serveer de omelet in het Omaanse brood.

6.Omaanse Khabeesa

INGREDIËNTEN:
- 2 kopjes griesmeel
- 1 kopje suiker
- 1/2 kop ghee
- 1 kopje yoghurt
- 1 theelepel gemalen kardemom
- 1/2 kopje rozijnen (optioneel)
- Water, indien nodig

INSTRUCTIES:
a) Meng griesmeel, suiker, ghee, yoghurt en gemalen kardemom in een kom.
b) Voeg geleidelijk water toe tot een dik beslag ontstaat.
c) Verhit een pan en giet kleine porties van het beslag om pannenkoeken te maken.
d) Kook tot beide kanten goudbruin zijn.
e) Garneer eventueel met rozijnen.
f) Serveer warm.

7. Smoothie met yoghurt en dadels

INGREDIËNTEN:
- 1 kopje ontpitte dadels
- 1 kopje yoghurt
- 1/2 kopje melk
- 1 eetlepel honing
- Ijsblokjes

INSTRUCTIES:
a) Meng de ontpitte dadels, yoghurt, melk en honing in een blender.
b) Mixen tot een gladde substantie.
c) Voeg ijsblokjes toe en mix opnieuw tot de smoothie de gewenste consistentie heeft bereikt.
d) Giet in glazen en serveer gekoeld.

8.Omaanse sardine en aardappelhasj

INGREDIËNTEN:
- 2 blikjes sardines in olie, uitgelekt
- 3 middelgrote aardappelen, geschild en in blokjes gesneden
- 1 ui, fijngehakt
- 2 tomaten, in blokjes gesneden
- 2 teentjes knoflook, fijngehakt
- 1 theelepel gemalen komijn
- 1 theelepel gemalen koriander
- Zout en peper naar smaak
- Olijfolie om te koken
- Verse koriander voor garnering

INSTRUCTIES:
a) Verhit de olijfolie in een pan en fruit de gehakte uien en knoflook tot ze zacht zijn.
b) Voeg de in blokjes gesneden aardappelen toe en kook tot ze bruin beginnen te worden.
c) Roer gemalen komijn, gemalen koriander, zout en peper erdoor.
d) Voeg de in blokjes gesneden tomaten toe en kook tot ze uiteenvallen.
e) Vouw de sardientjes er voorzichtig onder en zorg ervoor dat je ze niet te veel breekt.
f) Kook tot de aardappelen gaar zijn en de smaken versmelten.
g) Garneer voor het serveren met verse koriander.

9.Omaanse Ful Medames

INGREDIËNTEN:
- 2 kopjes gekookte tuinbonen
- 1/4 kopje olijfolie
- 1 ui, fijngehakt
- 2 teentjes knoflook, fijngehakt
- 1 tomaat, in blokjes gesneden
- 1 theelepel gemalen komijn
- 1 theelepel gemalen koriander
- Zout en peper naar smaak
- Verse peterselie ter garnering
- Hardgekookte eieren voor erbij (optioneel)
- Flatbread of pitabroodje om erbij te serveren

INSTRUCTIES:

a) Verhit de olijfolie in een pan en fruit de gehakte uien en knoflook tot ze zacht zijn.
b) Voeg de in blokjes gesneden tomaten toe en kook tot ze uiteenvallen.
c) Roer gemalen komijn, gemalen koriander, zout en peper erdoor.
d) Voeg de gekookte tuinbonen toe en kook tot ze warm zijn.
e) Pureer een deel van de bonen zodat een romige textuur ontstaat.
f) Garneer met verse peterselie.
g) Serveer indien gewenst met hardgekookte eieren ernaast, en vergezeld van platbrood of pitabroodje.

10.Omaanse Kaas Paratha

INGREDIËNTEN:
- 2 kopjes All-purpose Flour
- 1 kop geraspte Omaanse kaas (zoals Majestic of Akkawi)
- Water, indien nodig
- Ghee of boter, om te bakken

INSTRUCTIES:
a) Meng de bloem en geraspte kaas in een kom.
b) Voeg geleidelijk water toe tot een zacht deeg ontstaat.
c) Verdeel het deeg in kleine balletjes en rol ze elk uit tot een dunne, platte schijf.
d) Kook de parathas op een bakplaat met ghee of boter tot beide kanten goudbruin zijn.
e) Serveer warm.

11.Omani Maldouf platbrood

INGREDIËNTEN:
- 2 kopjes volkoren meel
- Zout naar smaak
- 1/4 kopje Ghee (geklaarde boter) voor ondiep frituren
- Water Voor het kneden van deeg
- 8-14 1/2 kopje zachte dadels
- 1 kopje kokend water

INSTRUCTIES:
a) Week de ontpitte dadels in 1 kopje kokend water gedurende 2-3 uur of tot ze zacht zijn.
b) Pureer de zachte dadels met een zeef of een fijne zeef. Mogelijk hebt u een blender nodig om te mengen, als deze niet erg zacht voor u is.
c) Meng de gepureerde dadels met zout, 1 el ghee en bloem en maak er een zacht deeg van.
d) Laat het deeg minimaal 20 minuten rusten.
e) Verdeel het deeg in gelijke balletjes of balletjes ter grootte van een citroen.
f) Rol elk stuk uit tot een flatbread/paratha/ronde schijf/of vorm die je leuk vindt, van 15-15 cm lang.
g) Bak ze elk ondiep met ghee tot ze aan beide kanten gaar zijn. Omdat het deeg dadels bevat, zal het erg snel gaar zijn.

SNACKS EN VOORGERECHTEN

12. Geassorteerde dadelschotel

INGREDIËNTEN:
- 4-5 kopjes ontpitte Omaanse dadels of een andere variant
- 1/2 kop geroosterde zonnebloempitten
- 1/2 kopje geroosterde pompoenpitten
- 1/2 kopje geroosterde witte sesamzaadjes
- 1/2 kopje geroosterde zwarte sesamzaadjes
- 1/2 kop geroosterde pinda's

INSTRUCTIES:
a) Was en dep alle dadels droog. Zorg ervoor dat ze droog en vochtvrij zijn.
b) Maak een spleet in het midden van elke dadel en verwijder de zaadjes. Gooi de zaden weg.
c) Vul het midden van elke dadel met de geroosterde zonnebloempitten, pompoenpitten, witte sesamzaadjes, zwarte sesamzaadjes en pinda's.
d) Schik de gevulde dadels op een grote schaal, zodat ze gemakkelijk toegankelijk en visueel aantrekkelijk zijn.
e) Bewaar de diverse dadels in luchtdichte bakjes in de koelkast.

13.Omaanse fout

INGREDIËNTEN:
- 2 blikjes tuinbonen, uitgelekt en afgespoeld
- 2 teentjes knoflook, fijngehakt
- 1/4 kop olijfolie
- Sap van 1 citroen
- Zout en peper naar smaak
- Gehakte peterselie ter garnering
- Omaans brood (Rukhal), om te serveren

INSTRUCTIES:
a) Fruit de gehakte knoflook in een pan in olijfolie tot het geurig is.
b) Voeg de tuinbonen toe en kook tot ze warm zijn.
c) Pureer de bonen lichtjes met een vork.
d) Breng op smaak met citroensap, zout en peper.
e) Garneer met gehakte peterselie.
f) Serveer met Omaans brood.

14.Samosa

INGREDIËNTEN:

Voor Samosadeeg:
- 2 kopjes bloem voor alle doeleinden (maida) (260 gram)
- 1 theelepel ajwain (carambolezaad)
- 1/4 theelepel zout
- 4 eetlepels + 1 theelepel olie (60 ml + 5 ml)
- Water om het deeg te kneden (ongeveer 6 eetlepels)

Voor Samosa-vulling:
- 3-4 middelgrote aardappelen (500-550 gram)
- 2 eetlepels olie
- 1 theelepel komijnzaad
- 1 theelepel venkelzaad
- 2 theelepels gemalen korianderzaad
- 1 theelepel fijngehakte gember
- 1 groene chilipeper, gehakt
- 1/4 theelepel hing (asafoetida)
- 1/2 kop + 2 eetlepels groene erwten (geweekt in warm water bij gebruik van bevroren)
- 1 theelepel korianderpoeder
- 1/2 theelepel garam masala
- 1/2 theelepel amchur (gedroogd mangopoeder)
- 1/4 theelepel rode chilipoeder (of naar smaak)
- 3/4 theelepel zout (of naar smaak)
- Olie om te frituren

INSTRUCTIES:

Samosadeeg maken:
a) Meng bloem voor alle doeleinden, ajwain en zout in een grote kom.
b) Voeg olie toe en wrijf de bloem met olie totdat het op kruimels lijkt. Dit zou 3-4 minuten moeten duren.
c) Voeg geleidelijk water toe en kneed tot een stevig deeg. Werk het deeg niet te veel; het zou gewoon samen moeten komen.
d) Dek het deeg af met een vochtige doek en laat het 40 minuten rusten.

Aardappelvulling maken:
e) Kook de aardappelen tot ze gaar zijn (8-9 fluittonen bij gebruik van een snelkookpan op het fornuis of 12 minuten onder hoge druk in een Instant Pot).
f) Schil en pureer de aardappelen.
g) Verhit de olie in een pan en voeg komijnzaad, venkelzaad en gemalen korianderzaad toe. Sauteer tot het aromatisch is.
h) Voeg gehakte gember, groene chili, hing, gekookte en aardappelpuree en groene erwten toe. Goed mengen.
i) Voeg korianderpoeder, garam masala, amchur, rode chilipoeder en zout toe. Meng tot het goed is opgenomen. Haal van het vuur en laat de vulling afkoelen.

Vorm en bak de Samosa:
j) Nadat het deeg heeft gerust, verdeel het in 7 gelijke delen.
k) Rol elk deel uit tot een cirkel met een diameter van 15-18 cm en snijd het in twee delen.
l) Neem één deel, breng water aan op de richtliniaal en vorm een kegel. Vul met 1-2 eetlepels aardappelvulling.
m) Sluit de samosa af door de randen samen te knijpen. Herhaal dit voor het resterende deeg.
n) Verhit olie op laag vuur. Bak de samosa's op laag vuur tot ze stevig en lichtbruin zijn (10-12 minuten). Verhoog het vuur tot medium en bak tot ze goudbruin zijn.
o) Bak 4-5 samosa's tegelijk, en elke batch duurt ongeveer 20 minuten op laag vuur.

15.Omani Khubz-chips (platbrood).

INGREDIËNTEN:
- 4 Omaanse platbroden (Khubz)
- 2 eetlepels olijfolie
- 1 theelepel gemalen komijn
- 1 theelepel paprikapoeder
- Zout naar smaak

INSTRUCTIES:
a) Verwarm de oven voor op 180 °C.
b) Bestrijk de platbroodjes met olijfolie en bestrooi ze met komijn, paprikapoeder en zout.
c) Snij de flatbreads in driehoeken of reepjes.
d) Bak in de oven gedurende 10-12 minuten of tot ze knapperig zijn.
e) Koel voor het serveren.

16. Omaanse dadels met amandelen

INGREDIËNTEN:
- Verse dadels
- Amandelen, geheel of gehalveerd

INSTRUCTIES:
a) Ontpit de dadels door een kleine incisie te maken en het zaad te verwijderen.
b) Steek een hele amandel of de helft in de holte die door het zaad is achtergelaten.

17. Omani gevulde wijnbladeren (Warak Enab)

INGREDIËNTEN:
- Druivenbladeren, in een pot of vers
- 1 kop rijst, gewassen
- 1/2 kopje gehakt (rund- of lamsvlees)
- 1/4 kopje pijnboompitten
- 1/4 kop gehakte verse peterselie
- Sap van 1 citroen
- Zout en peper naar smaak
- Olijfolie

INSTRUCTIES:
a) Als u verse druivenbladeren gebruikt, blancheer deze dan een paar minuten in kokend water.
b) Meng in een kom rijst, gehakt, pijnboompitten, peterselie, citroensap, zout en peper.
c) Plaats een lepel van het mengsel in het midden van elk druivenblad en vouw het tot een klein pakketje.
d) Doe de gevulde druivenbladeren in een pot, besprenkel met olijfolie en voeg voldoende water toe om ze onder water te zetten.
e) Laat sudderen tot de rijst gaar is en de bladeren zacht zijn.
f) Serveer warm.

18. Omani Lahm Bi Ajeen (vleespasteien)

INGREDIËNTEN:
- 2 kopjes gehakt (rund- of lamsvlees)
- 1 grote ui, fijngehakt
- 2 tomaten, in blokjes gesneden
- 1/4 kop gehakte verse peterselie
- 1 theelepel gemalen komijn
- 1 theelepel gemalen koriander
- Zout en peper naar smaak
- Pizzadeeg of kant-en-klare bladerdeegvellen

INSTRUCTIES:
a) Fruit de uien in een pan tot ze glazig zijn.
b) Voeg het gehakt toe en bak tot het bruin is.
c) Roer de in blokjes gesneden tomaten, gehakte peterselie, gemalen komijn, gemalen koriander, zout en peper erdoor.
d) Rol het pizzadeeg of de bladerdeegvellen uit en snijd ze in cirkels.
e) Schep op elke cirkel een lepel van het vleesmengsel, vouw dubbel en druk de randen dicht.
f) Bak tot ze goudbruin zijn.
g) Serveer warm.

19.Omaanse Falafel

INGREDIËNTEN:
- 2 kopjes geweekte en uitgelekte kikkererwten
- 1 kleine ui, gehakt
- 3 teentjes knoflook, fijngehakt
- 1/4 kop verse peterselie, gehakt
- 1 theelepel gemalen komijn
- 1 theelepel gemalen koriander
- Zout en peper naar smaak
- Olie om te frituren

INSTRUCTIES:
a) Meng in een keukenmachine kikkererwten, ui, knoflook, peterselie, komijn, koriander, zout en peper tot een grof mengsel ontstaat.
b) Vorm van het mengsel kleine balletjes of pasteitjes.
c) Verhit de olie in een pan en bak aan beide kanten goudbruin.
d) Laat uitlekken op keukenpapier.
e) Serveer warm met tahinisaus of yoghurt.

20. Omaanse Spinazie Fatayer

INGREDIËNTEN:
- 2 kopjes gehakte spinazie
- 1 kleine ui, fijngehakt
- 1/4 kopje pijnboompitten
- 1 eetlepel olijfolie
- 1 theelepel gemalen sumak
- Zout en peper naar smaak
- Pizzadeeg of kant-en-klare bladerdeegvellen

INSTRUCTIES:
a) Fruit de uien in olijfolie tot ze glazig zijn.
b) Voeg de gehakte spinazie toe en kook tot deze geslonken is.
c) Roer de pijnboompitten, gemalen sumak, zout en peper erdoor.
d) Rol het pizzadeeg of de bladerdeegvellen uit en snijd ze in cirkels.
e) Schep op elke cirkel een lepel spinaziemengsel, vouw dubbel en druk de randen dicht.
f) Bak tot ze goudbruin zijn.
g) Serveer warm.

21. Omani Gegrilde Halloumi

INGREDIËNTEN:
- 1 blok halloumi-kaas, in plakjes gesneden
- 2 eetlepels olijfolie
- 1 theelepel gedroogde oregano
- Sap van 1 citroen

INSTRUCTIES:
a) Verhit een grill- of grillpan.
b) Bestrijk de halloumi-plakjes met olijfolie.
c) Grill de halloumi aan beide kanten goudbruin.
d) Bestrooi met gedroogde oregano en besprenkel met citroensap.
e) Serveer warm als hapje of aperitiefhapje.

HOOFDGERECHT

22.Omaanse haversoep (Shorba)

INGREDIËNTEN:
- 1 kop gerolde haver
- 1/2 kop gehakte groenten (wortels, erwten, bonen)
- 1/4 kopje gehakte ui
- 2 teentjes knoflook, fijngehakt
- 1 theelepel gemalen komijn
- 4 kopjes kippen- of groentebouillon
- Zout en peper naar smaak

INSTRUCTIES:
a) Fruit de uien en knoflook in een pan tot ze zacht zijn.
b) Voeg gehakte groenten toe en kook een paar minuten.
c) Roer de haver en gemalen komijn erdoor.
d) Giet de bouillon erbij en breng aan de kook.
e) Laat sudderen tot de haver gaar is en de soep dikker wordt.
f) Breng op smaak met zout en peper.
g) Heet opdienen.

23.Qabuli (Afghaanse rijstpilaf)

INGREDIËNTEN:
- 2 kopjes basmatirijst
- 1 pond lamsvlees of kip, in blokjes
- 1 grote ui, fijngehakt
- 1/2 kopje plantaardige olie
- 1/2 kop rozijnen
- 1/2 kopje geschaafde amandelen
- 1/2 kop geraspte wortelen
- 1/2 theelepel gemalen kardemom
- 1/2 theelepel gemalen kaneel
- 1/2 theelepel gemalen komijn
- Zout en peper naar smaak
- 4 kopjes kippenbouillon of water

INSTRUCTIES:

a) Spoel de basmatirijst onder koud water tot het water helder blijft. Week de rijst 30 minuten in water en laat hem vervolgens uitlekken.

b) Verhit de plantaardige olie in een grote pan op middelhoog vuur. Voeg de gesnipperde ui toe en bak tot hij goudbruin is.

c) Voeg het in blokjes gesneden lamsvlees of de kip toe aan de pan en bruin aan alle kanten. Breng op smaak met zout, peper, gemalen kardemom, gemalen kaneel en gemalen komijn.

d) Roer de geraspte wortels, rozijnen en geschaafde amandelen erdoor. Kook nog eens 5 minuten, zodat de smaken zich kunnen vermengen.

e) Voeg de geweekte en uitgelekte basmatirijst toe aan de pan en roer voorzichtig om te combineren met het vlees en de groenten.

f) Giet de kippenbouillon of water erbij. Breng het mengsel aan de kook en zet het vuur laag. Dek de pan af met een goed sluitend deksel en laat 20-25 minuten sudderen, of tot de rijst gaar is en de vloeistof is opgenomen.

g) Zodra de Qabuli gaar is, maak je de rijst los met een vork om de korrels te scheiden.

h) Serveer de Qabuli warm, eventueel gegarneerd met extra geschaafde amandelen en rozijnen. Het past goed bij yoghurt of een salade. Geniet van je smaakvolle Afghaanse rijstpilaf!

24.Omaanse traditionele Mashuai

INGREDIËNTEN:
- 4 Koningsvissen
- 1 eetlepel olijfolie
- 2 eetlepels knoflookpasta
- 1 theelepel gemberpasta
- 1 theelepel gemalen komijn
- 1 Sap van Citroen
- 1/2 theelepel gemalen kurkuma
- 1/2 theelepel gemalen kardemom
- 1/2 theelepel gemalen zwarte peper
- 1/4 theelepel gemalen nootmuskaat

INSTRUCTIES:
a) Maak de vis schoon en snij deze aan beide kanten in.
b) Doe alle ingrediënten in een kom en doe dit op de vis.
c) Laat de vis minimaal 3 uur marineren.
d) Leg het op een bakplaat en bak het in een voorverwarmde oven op 200 graden gedurende 20 minuten. Of u kunt op houtskool grillen.
e) Serveer met Omaanse citroenrijst.

25.Mandirijst met kip

INGREDIËNTEN:
- 2 kopjes basmatirijst
- 500 g kip, in stukjes gesneden
- Omaanse kruidenmix (een mix van kaneel, kardemom, kruidnagel en zwarte limoen)
- 1 grote ui, in plakjes gesneden
- 1/4 kop ghee
- Zout, naar smaak
- Amandelen en rozijnen ter garnering

INSTRUCTIES:
a) Wrijf de kip in met Omaanse kruidenmix en laat minimaal 30 minuten marineren.
b) Fruit de gesneden uien in een grote pan in ghee tot ze goudbruin zijn.
c) Voeg de gemarineerde kip toe aan de pan en kook tot hij bruin is.
d) Roer de rijst, de Omaanse kruidenmix en het zout erdoor. Kook een paar minuten.
e) Voeg water toe volgens de instructies op de rijstverpakking en kook tot de rijst gaar is.
f) Garneer voor het serveren met geroosterde amandelen en rozijnen.

26. Majboos (Omani gekruide rijst met kip)

INGREDIËNTEN:

- 2 kopjes basmatirijst
- 500 g kip, in stukjes gesneden
- 2 uien, fijngehakt
- 3 tomaten, gehakt
- 4 teentjes knoflook, fijngehakt
- 1/4 kop plantaardige olie
- 2 eetlepels Omaanse kruidenmix (een mengsel van komijn, koriander, kaneel, kruidnagel, kardemom)
- Zout en peper naar smaak
- 4 kopjes kippenbouillon

INSTRUCTIES:

a) Fruit in een grote pan de uien en knoflook in plantaardige olie tot ze goudbruin zijn.
b) Voeg de stukken kip toe en bak ze aan alle kanten bruin.
c) Roer de Omaanse kruidenmix, zout en peper erdoor.
d) Voeg de gehakte tomaten toe en kook tot ze zacht worden.
e) Giet de kippenbouillon erbij en breng aan de kook.
f) Roer de rijst erdoor, zet het vuur lager, dek af en laat sudderen tot de rijst gaar is.
g) Heet opdienen.

27. Traditionele eenpans kippenhazen

INGREDIËNTEN:
- 2 kopjes hazen (tarwekorrels)
- 1 kg kip, ontbeend
- 2 stokjes kaneel
- 1 theelepel zwarte peperpoeder
- Zout naar smaak
- Gesmolten boter of olijfolie

INSTRUCTIES:
a) Begin met het een nacht laten weken van de tarwekorrels, zodat ze water kunnen opnemen en zacht worden.
b) Meng in een grote pan de geweekte tarwe, de ontbeende kip, kaneelstokjes, zwarte peperpoeder, zout en voldoende water om de ingrediënten te bedekken. Breng het mengsel aan de kook.
c) Laat het mengsel koken totdat de hazen een waterige consistentie hebben bereikt. Het is belangrijk om om de paar minuten op de bodem te roeren om aanbranden te voorkomen. Dit proces heeft enige tijd nodig om een goede bereiding te garanderen.
d) Eenmaal gekookt, gebruik een staafmixer om de inhoud te mengen. Het doel is om een gestructureerde consistentie te bereiken, niet een fijne pasta. Laat het licht korrelig voor extra textuur.
e) Serveer de Harees warm en besprenkel er gesmolten boter of olijfolie over voor extra rijkdom en smaak.

28.Omaanse vishazen

INGREDIËNTEN:
- 1 kopje tarwe, een nacht geweekt
- 1 kg visfilets (snapper of kingfish)
- 2 grote uien, fijngehakt
- 4 teentjes knoflook, fijngehakt
- 1/4 kop ghee
- 1 theelepel gemalen kurkuma
- Zout en peper naar smaak
- Water

INSTRUCTIES:
a) Giet de geweekte tarwe af en maal deze tot een grove pasta.
b) Fruit in een pan de uien en knoflook in ghee tot ze goudbruin zijn.
c) Voeg de visfilets toe en bak ze aan beide kanten bruin.
d) Roer de gemalen kurkuma, zout en peper erdoor.
e) Giet er voldoende water in om het mengsel te bedekken.
f) Voeg de tarwepasta toe en kook op laag vuur tot de vis en de tarwe gaar zijn.
g) Heet opdienen.

29.Kip Shoarma

INGREDIËNTEN:
Kip:
- 1 kg kippendijfilets, zonder vel en zonder bot (Opmerking 3)

Marinade:
- 1 groot teentje knoflook, fijngehakt (of 2 kleine teentjes)
- 1 eetl gemalen koriander
- 1 eetl gemalen komijn
- 1 eetl gemalen kardemom
- 1 theelepel gemalen cayennepeper (verminder tot 1/2 theelepel om het minder pittig te maken)
- 2 theelepels gerookte paprika
- 2 theelepel zout
- Zwarte peper
- 2 eetlepels citroensap
- 3 eetlepels olijfolie

Yoghurtsaus:
- 1 kopje Griekse yoghurt
- 1 teentje knoflook, geperst
- 1 theelepel komijn
- Knijp citroensap
- Zout en peper

Serveren:
- 4 – 5 flatbreads (Libanese of pitabroodjes of zelfgemaakte zachte flatbreads)
- Gesneden sla (cos of ijsberg)
- Plakjes tomaat
- Rode ui, fijn gesneden
- Kaas, geraspt (optioneel)
- Hete saus naar keuze (optioneel)

INSTRUCTIES:
Marinade Kip:
a) Doe de ingrediënten voor de marinade in een grote ritssluitingszak. Voeg de kip toe, sluit af en masseer vanaf de buitenkant met je handen om ervoor te zorgen dat elk stuk bedekt is.
b) Marineer minimaal 3 uur, bij voorkeur 24 uur.

Yoghurtsaus:
c) Meng de ingrediënten voor de yoghurtsaus in een kom en meng. Dek af en zet in de koelkast tot gebruik (in de koelkast blijft het 3 dagen goed).
d) Verhit een grote koekenpan met antiaanbaklaag met 1 eetlepel olie op middelhoog vuur of bestrijk een BBQ-kookplaat/grill lichtjes met olie en verwarm tot middelhoog. (Zie opmerkingen voor bakken)

Kip koken:
e) Leg de gemarineerde kip in de koekenpan of op de grill en bak de eerste kant gedurende 4 tot 5 minuten tot ze mooi verkoold is. Draai en bak de andere kant gedurende 3 tot 4 minuten (de tweede kant kost minder tijd).
f) Haal de kip van de grill en dek losjes af met folie. Zet opzij om 5 minuten te rusten.
g) Snijd de kip in plakjes en stapel deze op een schaal naast de flatbreads, de salade en de yoghurtsaus (of de zuivelvrije Tahinisaus uit dit recept).
h) Om een wrap te maken, neem je een stuk platbrood, besmeer het met yoghurtsaus en beleg met een beetje sla, tomaat en kipshoarma. Oprollen en genieten!

30.Omaanse Shuwa

INGREDIËNTEN:
- 2 lamsschenkels (elk ongeveer 0,7 lbs, bij voorkeur Nieuw-Zeelandse schenkels)
- 2 theelepels knoflook, geplet
- 1 theelepel gember-knoflookpasta
- ¾ theelepel zwarte peperpoeder
- ¾ theelepel komijnpoeder
- 1 theelepel korianderzaad, in poedervorm of 1 ¼ theelepel korianderpoeder
- 10 kruidnagels of ongeveer ¼ theelepel kruidnagelpoeder
- 1 ½ theelepel chilipoeder
- 2 eetlepels azijn (rode wijnazijn wordt aanbevolen)
- 1 Limoen, uitgeperst
- 2 – 2 ½ theelepel Zout (naar smaak aanpassen, ongeveer 2 theelepel gebruikt)
- 2 ½ - 3 eetlepels olie
- Bananenbladeren (bevroren bladeren kunnen ook worden gebruikt)

INSTRUCTIES:
Bereid het lam:
a) Was de lamsschenkel en maak grote en diepe sneden. Dit is cruciaal voor smaakvol en kruidig vlees.

Maak de kruidenpasta:
b) Meng alle ingrediënten behalve het lamsvlees tot een pasta.

Marineer het lam:
c) Wrijf de kruidenpasta over het lamsvlees en zorg ervoor dat de kruiden in de sneden terechtkomen. Gebruik je vingers om het vlees grondig te wrijven.
d) Leg een bananenblad in een ovenschaal, leg het lamsvlees op het blad en giet het resterende kruidenmengsel erover.
e) Vouw het bananenblad over het lamsvlees zodat het helemaal bedekt is, zodat er een pakketje ontstaat. Dek de ovenschaal af en laat het een nacht of 24 – 48 uur in de koelkast marineren.
f) Haal het gemarineerde lamsvlees uit de koelkast en laat het 30 – 60 minuten op het aanrecht staan voordat u het gaat koken, om het op kamertemperatuur te brengen (optioneel).

Koken:
g) Verwarm de oven voor op 250 ° F en plaats de ovenschaal erin. Vergeet niet het deksel/deksel van de ovenschaal te verwijderen.
h) Bak het lamsvlees, gewikkeld in bananenblad, gedurende 3 uur of tot het vlees gaar is. Draai het vlees iedere 1 – 1 ½ uur om.
i) Afhankelijk van de grootte en dikte van het vlees kan het een langere kooktijd nodig hebben.
j) Verander de oventemperatuur naar 350°F, open de bananenverpakking en bak nog eens 20 minuten tot het vlees donkerbruin is.
k) Na 3 uur droogt de bananenverpakking op en begint uit elkaar te vallen. Je kunt het blad in de schaal zelf laten zitten en het blad van de bovenkant openen/verwijderen voordat je het braadt op 350°F.
l) Haal het uit de oven en laat het vlees minimaal 10 minuten rusten voordat je het serveert.
m) Serveer de Omani Shuwa met gearomatiseerde rijst of uw favoriete bijgerechten.

31.Omaanse Mishkak

INGREDIËNTEN:
- 1 kg biefstuk, in blokjes
- 3 el verse gember, geraspt
- 5 teentjes knoflook
- ½ papajafruit, gehakt
- 1 ½ eetl zout
- 3 rode pepers zonder pitjes of 1 el chilipoeder
- 1 eetl kurkuma
- 4 eetlepels azijn (elke soort is prima)
- 4 eetlepels tamarindepasta (essentieel)
- 1 eetl komijnpoeder
- 1 eetl zwarte peper
- 2 eetlepels olie (willekeurig)

INSTRUCTIES:
a) Snijd het rundvlees in kleine blokjes, zorg ervoor dat ze geschikt zijn om aan een spies te prikken, maar niet te klein of te groot.
b) Meng in een keukenmachine alle ingrediënten, behalve het rundvlees, tot een pasta. Begin met grotere ingrediënten zoals stukjes papaja en ga verder met poeders voor een optimale menging.
c) Meng de marinade goed met de rundvleesblokjes en zorg ervoor dat ze gelijkmatig bedekt zijn. Laat het rundvlees marineren, bij voorkeur een nacht, zodat het vlees mals wordt en de smaken absorbeert.
d) Spies de gemarineerde rundvleesblokjes.
e) Rooster de spiesjes boven een hete houtskoolgrill of onder een ovengrill tot ze licht verkoold en zacht zijn.
f) Eventueel kun je tijdens het bakproces een beetje olie insmeren om te voorkomen dat het vlees uitdroogt.
g) Draai de spiesen regelmatig om een gelijkmatige bereiding te garanderen. Pas op dat u het vlees niet te gaar maakt, omdat dit kan resulteren in droog en taai vlees.
h) Eenmaal gekookt, serveer de Mishkak warm en geniet van de smaakvolle, malse rundvleesspiesjes.

32.Kip Kabsa

INGREDIËNTEN:
Kabsa Kruidenmix:
- 1/4 theelepel gemalen kardemom
- 1/4 theelepel gemalen witte peper
- 1/4 theelepel saffraan
- 1/2 theelepel gemalen kaneel
- 1/2 theelepel gemalen piment
- 1/2 theelepel gedroogd hele limoenpoeder

Kip Kabsa:
- 2 eetlepels olie of boter
- 3 uien, gesneden
- 1 el gehakte gember (gemberpasta)
- 1 el gehakte knoflook (knoflookpasta)
- 1 groene chilipeper
- 2 gedroogde laurierblaadjes
- 6 kruidnagels
- 4 kardemompeulen
- 1 kaneelstokje
- 2 el tomatenpuree (tomatenpuree)
- 1 snufje gemalen nootmuskaat
- 1/2 theelepel gemalen zwarte peper
- 1/4 theelepel gemalen komijn
- 1/2 theelepel gemalen koriander
- 3 middelgrote wortels, in dunne plakjes gesneden
- 200 g tomatenblokjes uit blik (of 3 tomaten in stukjes)
- 2 kippenbouillonblokjes
- 1 1/2 kg hele kip, in 6 stukken gesneden
- 3 kopjes basmatirijst, afgespoeld
- 1/4 kopje rozijnen
- Water
- Zout naar smaak
- Rozijnen, om te garneren (optioneel)
- Geschaafde amandelen, om te garneren (optioneel)

INSTRUCTIES:

Bereid Kabsa Kruidenmix:
a) Combineer kardemom, witte peper, saffraan, kaneel, piment en limoenpoeder in een kom. Opzij zetten.
b) Verhit olie in een grote pan met dikke bodem op middelhoog vuur. Voeg uien, gember, knoflook en groene chili toe. Bak tot de uien goudbruin worden.
c) Voeg laurierblaadjes, kruidnagels, kardemompeulen en kaneelstokje toe. Bak een minuut.
d) Tomatenpuree erdoor roeren. Voeg nootmuskaat, zwarte peper, komijn, koriander en de bereide Kabsa-kruidenmix toe. Breng op smaak met zout. Bak de kruiden een minuutje.
e) Voeg wortels en in blokjes gesneden tomaten toe. Roer en kook gedurende 2 minuten.

Bruine Kip:
f) Voeg de kipblokjes en stukjes kip toe. Bak de kip, af en toe draaiend, gedurende ongeveer 30 minuten.
g) Haal de stukken kip uit de pan en zet opzij.

Kook rijst:
h) Voeg rijst en rozijnen toe aan de pan. Giet er 4 kopjes water in. Breng op smaak met zout. Breng het aan de kook.
i) Zet het vuur lager, dek af met een deksel en laat 10-15 minuten sudderen.

Gegrilde kip:
j) Verwarm de grill voor. Grill de kip gedurende 10-15 minuten of tot hij gaar is.
k) Serveer de rijst met de gegrilde kip.
l) Optioneel: Garneer met rozijnen en geschaafde amandelen.

33.Omaanse Arsia

INGREDIËNTEN:
VOOR DE KIP:
- 1 kg kip, in stukjes gesneden
- 1 kop Basmatirijst, gewassen en geweekt
- 2 eetlepels Ghee
- 1 Ui, fijngehakt
- 2 Tomaten, gehakt
- 2 groene pepers, gehakt
- 1 eetlepel Knoflookpasta
- 1 eetlepel gemberpasta
- 1/2 theelepel kurkumapoeder
- 1/2 theelepel rode chilipoeder
- 1/2 theelepel Garam Masala
- Zout naar smaak
- 2 kopjes kippenbouillon

VOOR DE RIJST:
- 1 kop Basmatirijst, gewassen en geweekt
- 1 eetlepel Ghee
- 2 kopjes water
- Zout naar smaak

INSTRUCTIES:
BEREIDING VAN DE KIP:
a) Verhit de ghee in een grote pan op middelhoog vuur. Voeg gehakte uien toe en bak tot ze goudbruin zijn.
b) Voeg knoflookpasta en gemberpasta toe aan de uien. Bak een minuutje tot de rauwe geur verdwijnt.
c) Voeg de stukken kip toe aan de pan en kook tot ze aan alle kanten bruin zijn.
d) Voeg gehakte tomaten, groene pepers, kurkumapoeder, rode chilipoeder, garam masala en zout toe. Goed mengen.
e) Giet de kippenbouillon erbij en breng het mengsel aan de kook. Zet het vuur lager, dek de pan af en laat sudderen tot de kip gaar is.

BEREIDING VAN DE RIJST:
f) Verhit de ghee in een aparte pan op middelhoog vuur. Voeg de geweekte basmatirijst toe en bak een paar minuten.
g) Giet water en voeg zout toe. Breng het mengsel aan de kook, zet het vuur lager, dek de pan af en laat sudderen tot de rijst gaar is en de vloeistof is opgenomen.

MONTEER DE ARSIA:
h) Schik de gekookte kip samen met de bouillon in een serveerschaal.
i) Bestrijk de kip met de gekookte basmatirijst.
j) Serveer de Omani Chicken Arsia warm, zodat gasten kunnen genieten van de smaakvolle combinatie van gekruide rijst en malse kip.

34.Omaanse Kip Biryani

INGREDIËNTEN:
Voor marineren:
- 1 kg Kipstukjes
- 1 eetlepel gember-knoflookpasta
- 1 theelepel hele kruidenpoeder
- 1 theelepel kurkumapoeder
- 1 eetlepel rode chilipoeder
- Zout naar smaak
- 1 Citroen, uitgeperst

Voor Biryani:
- 1 kg Basmatirijst, 1 uur geweekt
- 2 uien, gehakt
- 2 Tomaten, gehakt
- 2 eetlepels gember-knoflookpasta
- Saffraanstrengen gedrenkt in hete melk met oranje voedingskleur
- 100 gram Pure Ghee
- 10 groene pepers, ingesneden
- 1 goudbruine ui (voor garnering)
- 1 theelepel komijnpoeder
- 1 theelepel kaneelpoeder
- 1 theelepel zwarte peperpoeder
- Verse korianderblaadjes, gehakt
- 1 kopje geroosterde cashewnoten en amandelen

INSTRUCTIES:
Marineer de kip:
a) Meng in een kom de stukjes kip met gember-knoflookpasta, hele kruidenpoeder, kurkumapoeder, rode chilipoeder, zout en citroensap. Marineer minimaal 30 minuten.
b) Verhit de olie in een pan en braad de gemarineerde kip tot hij gaar is. Opzij zetten.

Bereid de Biryani voor:
c) Verhit olie in een grote pan. Voeg gehakte uien toe en bak tot ze goudbruin zijn.
d) Voeg gember-knoflookpasta toe en snijd de groene pepers. Sauteer totdat de rauwe geur verdwijnt.
e) Voeg gehakte tomaten en zout toe. Roerbak tot de tomaten zacht zijn.
f) Voeg komijnpoeder, kaneelpoeder en zwarte peperpoeder toe. Goed mengen.

HET LAGEN VAN DE BIRYANI:
g) Leg in de pan de helft van de gedeeltelijk gekookte rijst.
h) Voeg geroosterd droog fruit, gehakte korianderblaadjes, goudbruine uien en de geroosterde stukjes kip toe.
i) Herhaal de laagjes met de overgebleven rijst en bedek met saffraanmelk en desi ghee.
j) Dek de pan af en kook op middelhoog vuur tot de rijst volledig gaar is.
k) Garneer de Omani Chicken Biryani met nog meer gehakte korianderblaadjes en geroosterde cashewnoten en amandelen.
l) Serveer de authentieke Omaanse biryani en geniet van het rijke en smaakvolle gerecht!

35. Omaanse viscurry (Saloonat Samak)

INGREDIËNTEN:
- 1 kg visfilets (snapper of kingfish)
- 2 grote tomaten, gehakt
- 1 grote ui, fijngehakt
- 4 teentjes knoflook, fijngehakt
- 1/4 kopje tamarindepasta
- 2 eetlepels Omaanse kerriepoeder
- 1 kopje kokosmelk
- Plantaardige olie
- Zout en peper naar smaak

INSTRUCTIES:
a) Fruit in een pan de uien en knoflook in plantaardige olie tot ze zacht zijn.
b) Voeg de gehakte tomaten toe en kook tot ze uiteenvallen.
c) Roer de Omaanse kerriepoeder erdoor en kook een paar minuten.
d) Voeg tamarindepasta en kokosmelk toe en breng aan de kook.
e) Kruid de visfilets met peper en zout en voeg ze toe aan de kokende curry.
f) Kook tot de vis gaar is en de curry ingedikt is.
g) Serveer warm met rijst.

36.Omaanse lam Kabsa

INGREDIËNTEN:
- 2 kopjes basmatirijst
- 1 kg lamsvlees, in stukjes gesneden
- 2 grote uien, fijngehakt
- 3 tomaten, gehakt
- 1/2 kop tomatenpuree
- 4 teentjes knoflook, fijngehakt
- 2 theelepels gemalen koriander
- 2 theelepels gemalen komijn
- 1 theelepel gemalen kaneel
- 1 theelepel gemalen kardemom
- 4 kopjes kippen- of lamsbouillon
- Plantaardige olie
- Zout en peper naar smaak

INSTRUCTIES:
a) Fruit de uien in een grote pan in plantaardige olie tot ze goudbruin zijn.
b) Voeg de stukjes lamsvlees toe en bak aan alle kanten bruin.
c) Roer de gehakte knoflook, gemalen koriander, gemalen komijn, gemalen kaneel en gemalen kardemom erdoor.
d) Voeg gehakte tomaten en tomatenpuree toe, kook tot de tomaten kapot gaan.
e) Giet de bouillon erbij en breng aan de kook.
f) Voeg rijst, zout en peper toe. Kook tot de rijst gaar is.
g) Serveer warm, gegarneerd met gebakken amandelen en pijnboompitten.

37.Omani Groente Saloona

INGREDIËNTEN:
- 2 aardappelen, geschild en in blokjes
- 2 wortels, geschild en in blokjes
- 1 kop sperziebonen, gehakt
- 1 kop pompoen, in blokjes gesneden
- 1 kopje courgette, in blokjes gesneden
- 1 grote ui, fijngehakt
- 3 tomaten, gehakt
- 3 teentjes knoflook, fijngehakt
- 2 eetlepels tomatenpuree
- 1 theelepel gemalen koriander
- 1 theelepel gemalen komijn
- 1 theelepel gemalen kurkuma
- 4 kopjes groentebouillon
- Plantaardige olie
- Zout en peper naar smaak

INSTRUCTIES:
a) Fruit de uien in plantaardige olie in een pan tot ze goudbruin zijn.
b) Voeg gehakte knoflook, gemalen koriander, gemalen komijn en gemalen kurkuma toe. Kook een paar minuten.
c) Roer de gehakte tomaten en tomatenpuree erdoor en kook tot de tomaten uiteenvallen.
d) Voeg in blokjes gesneden aardappelen, wortels, sperziebonen, pompoen en courgette toe.
e) Giet de groentebouillon erbij en breng aan de kook.
f) Breng op smaak met zout en peper.
g) Laat sudderen tot de groenten gaar zijn.
h) Serveer warm met rijst.

38.Omaanse Lam Mandi

INGREDIËNTEN:
- 1 kg lamsvlees, in stukjes gesneden
- 2 kopjes basmatirijst
- 2 grote uien, fijngehakt
- 4 teentjes knoflook, fijngehakt
- 1/4 kop plantaardige olie
- 2 eetlepels Mandi kruidenmix (koriander, komijn, zwarte limoen, kaneel, kardemom)
- 4 kopjes lams- of kippenbouillon
- Zout, naar smaak

INSTRUCTIES:
a) Fruit in een grote pan de uien en knoflook in plantaardige olie tot ze goudbruin zijn.
b) Voeg de stukjes lamsvlees toe en bak aan alle kanten bruin.
c) Roer de Mandi-kruidenmix en het zout erdoor.
d) Giet de bouillon erbij en breng aan de kook.
e) Voeg rijst toe en kook tot zowel de rijst als het lamsvlees gaar zijn.
f) Serveer warm, gegarneerd met gebakken uien.

39.Omani Lam Kabuli

INGREDIËNTEN:
- 1 kg lamsvlees, in stukjes gesneden
- 2 kopjes basmatirijst
- 2 grote uien, fijngehakt
- 4 teentjes knoflook, fijngehakt
- 1/4 kop plantaardige olie
- 1 kopje kikkererwten, gekookt
- 1 theelepel gemalen koriander
- 1 theelepel gemalen komijn
- 4 kopjes lams- of kippenbouillon
- Zout en peper naar smaak

INSTRUCTIES:
a) Fruit in een grote pan de uien en knoflook in plantaardige olie tot ze goudbruin zijn.
b) Voeg de stukjes lamsvlees toe en bak aan alle kanten bruin.
c) Roer gemalen koriander, gemalen komijn, zout en peper erdoor.
d) Giet de bouillon erbij en breng aan de kook.
e) Voeg rijst en gekookte kikkererwten toe en kook tot zowel de rijst als het lamsvlees gaar zijn.
f) Heet opdienen.

Omani Kofta met Courgettesaus
28 juni 2023 door Laura

Na de post van vorige maand over de Harappan-sieraden gevonden in een tombe uit de Bronstijd in Oman, wilde ik een heerlijk, modern Omaans recept uit mijn verzameling met jullie delen. Met de overvloed aan courgettes en andere pompoenen in de zomer is dit een geweldig recept voor op de grill, dat een van je nieuwe favorieten zal worden.

Wees niet op uw hoede met de hoeveelheid kruiden en specerijen in het vlees. De kaneel in de kofta wordt door het koken getemd en de saus is smaakvol en heerlijk – al zeg ik het zelf. Het gerecht is een blijvertje bij ons thuis, ik hoop dat het bij jou ook zo zal zijn.

40.Omani Kofta met Courgettesaus

INGREDIËNTEN:
KOFTA
- 1 pond rundergehakt
- 1 klein bosje peterselie, fijngehakt
- 1 kleine tot middelgrote rode ui, fijngehakt
- 1-2 el kaneel
- Zout/peper naar smaak

Courgettesaus
- 2-3 theelepels olijfolie
- 8 gehakte teentjes knoflook
- 1 el gemalen rode chili
- 2-3 theelepels balsamicoazijn
- 1 groot blik (of 2 kleine blikjes) gehakte tomaten
- 4 laurierblaadjes
- 2-3 middelgrote courgettes
- 1 klein bosje peterselie, fijngehakt
- 1 klein bosje munt, fijngehakt
- Zout/peper naar smaak

INSTRUCTIES:

a) Verwarm de vleeskuikens voor. Meng alle ingrediënten van de kofta. Creëer vingervormen of ballen. Vet een grillpan licht in of spuit deze in. Kook kofta 2-3 centimeter van de vlam. De kooktijd is afhankelijk van de grootte van de kofta, maar probeer 2-3 minuten per kant te koken. (Het is ook mogelijk om de kofta te grillen).

b) Doe voor de courgettesaus wat olijfolie in een pan en fruit de knoflook en de rode chili 3 minuten. Voeg de balsamicoazijn toe en voeg na een minuut alle gehakte tomaten met de laurierblaadjes toe. Wacht tot de saus begint te koken, dek de pan af en zet hem op het laagste vuur gedurende 10 minuten.

c) Snijd de courgette in kleine stukjes en bak deze in wat extra olijfolie tot ze zacht begint te worden. Voeg ze vervolgens toe aan de tomatensaus. Voeg de peterselie en munt toe aan de saus en roer goed door. Voeg naar wens wat zout en peper toe.

d) Laat nog een paar minuten koken zodat de smaak van de kruiden in de pan kan trekken. Plaats vervolgens de kofta op het serveerbord, schep er wat saus op en serveer de rest apart.

41.Madrouba

INGREDIËNTEN:
- 200 ml langkorrelige witte rijst zoals basmati
- 50 ml rode linzen
- 100 ml gekookte kikkererwten
- 4 eetlepels olie, zoals canola, zie opmerking
- ¼ ui, gehakt
- 4 teentjes knoflook, fijngehakt
- 2 theelepels verse gember, geraspt
- 1 tomaat, in blokjes gesneden
- 2 hele gedroogde limoenen, zie opmerking
- 2 theelepel kurkuma
- 2 theelepel komijn
- 2 theelepel gemalen koriander
- 1 theelepel gemalen kaneel
- 1 theelepel gemalen kardemom
- 1 snufje nootmuskaat
- 1 groentebouillonblokje
- cayennepeper naar smaak
- zout naar smaak

TOPPINGS (OPTIONEEL)
- 1 eetlepel koolzaadolie
- ¼ ui, in dunne plakjes gesneden
- verse limoenpartjes

INSTRUCTIES:

a) Snij de gedroogde limoenen open en scheur het donkere, zachte vruchtvlees eruit. Gooi zaden en schelpen weg. Hak grof en voeg toe aan de pot.
b) Zet een grote pan op middelhoog tot hoog vuur. Voeg 2-3 eetlepels koolzaadolie toe.
c) Fruit de in blokjes gesneden ui tot deze bruin begint te worden.
d) Voeg knoflook en gember toe en roer tot ze zacht en geurig zijn.
e) Voeg de in blokjes gesneden tomaat en alle kruiden toe, inclusief gedroogde limoenen of schil.
f) Roer de rijst, linzen en kikkererwten erdoor. Voeg 600 ml water toe en breng aan de kook.
g) Laat de rijst 40-60 minuten op een lage temperatuur sudderen. Roer regelmatig en voeg indien nodig meer water toe. Uiteindelijk heb ik in totaal 1200 ml gebruikt.
h) Bak ondertussen de in dunne plakjes gesneden ui donkerbruin.
i) Als de rijst zacht is en uit elkaar begint te vallen, maak je het gerecht af door de rijst fijn te pureren met een aardappelstamper.
j) Optioneel: roer er wat olijfolie door.
k) Serveer het gerecht warm en garneer met de gebakken uien en eventueel wat verse limoenpartjes.

42.Kip met ui en kardemomrijst

INGREDIËNTEN:

- 3 eetlepels / 40 g suiker
- 3 eetlepels / 40 ml water
- 2½ eetlepel / 25 g berberisbessen (of krenten)
- 4 eetlepels olijfolie
- 2 middelgrote uien, in dunne plakjes gesneden (2 kopjes / 250 g in totaal)
- 2¼ lb / 1 kg kippendijen met vel en bot, of 1 hele kip, in vieren
- 10 kardemompeulen
- afgeronde ¼ theelepel hele kruidnagels
- 2 lange kaneelstokjes, in tweeën gebroken
- 1⅔ kopjes / 300 g basmatirijst
- 2¼ kopjes / 550 ml kokend water
- 1½ el / 5 g bladpeterselie, fijngehakt
- ½ kopje / 5 g dilleblaadjes, gehakt
- ¼ kopje / 5 g korianderblaadjes, gehakt
- ⅓ kopje / 100 g Griekse yoghurt, gemengd met 2 eetlepels olijfolie (optioneel)
- zout en versgemalen zwarte peper

INSTRUCTIES

a) Doe de suiker en het water in een kleine pan en verwarm tot de suiker is opgelost. Haal van het vuur, voeg de berberisbessen toe en laat ze weken. Als u krenten gebruikt, hoeft u ze niet op deze manier te weken.

b) Verhit ondertussen de helft van de olijfolie in een grote koekenpan met deksel op middelhoog vuur, voeg de ui toe en kook 10 tot 15 minuten, af en toe roerend, tot de ui diep goudbruin is geworden. Doe de ui in een kleine kom en veeg de pan schoon.

c) Doe de kip in een grote mengkom en breng op smaak met 1½ theelepel zout en zwarte peper. Voeg de resterende olijfolie, kardemom, kruidnagel en kaneel toe en gebruik je handen om alles goed door elkaar te mengen. Verhit de koekenpan opnieuw en plaats de kip en de kruiden erin.

d) Schroei aan elke kant 5 minuten en haal het uit de pan (dit is belangrijk omdat de kip dan gedeeltelijk gaar wordt). De kruiden mogen in de pan blijven, maar maak je geen zorgen als ze aan de kip blijven plakken.

e) Verwijder ook het grootste deel van de resterende olie, zodat er onderaan slechts een dun laagje overblijft. Voeg de rijst, de gekarameliseerde ui, 1 theelepel zout en veel zwarte peper toe. Giet de berberissen af en voeg ze ook toe. Roer goed en doe de aangebraden kip terug in de pan en duw hem in de rijst.

f) Giet het kokende water over de rijst en de kip, dek de pan af en kook op zeer laag vuur gedurende 30 minuten. Haal de pan van het vuur, verwijder de deksel, leg snel een schone theedoek over de pan en sluit weer af met de deksel. Laat het gerecht nog eens 10 minuten ongestoord staan. Voeg ten slotte de kruiden toe en roer ze er met een vork door en maak de rijst luchtig. Proef en voeg indien nodig meer zout en peper toe. Serveer warm of warm met yoghurt als je wilt.

43. Rundvleesgehaktballetjes met tuinbonen en citroen

INGREDIËNTEN:
- 4½ el olijfolie
- 2⅓ kopjes / 350 g tuinbonen, vers of bevroren
- 4 hele takjes tijm
- 6 teentjes knoflook, in plakjes gesneden
- 8 groene uien, schuin gesneden in segmenten van ¾ inch / 2 cm
- 2½ el vers geperst citroensap
- 2 kopjes / 500 ml kippenbouillon
- zout en versgemalen zwarte peper
- 1½ theelepel gehakte platte peterselie, munt, dille en koriander, om af te maken

GEHAKTBALLEN
- 300 g rundergehakt
- 5 oz / 150 g lamsgehakt
- 1 middelgrote ui, fijngehakt
- 1 kop / 120 g broodkruimels
- 2 eetlepels gehakte platte peterselie, munt, dille en koriander
- 2 grote teentjes knoflook, geperst
- 4 theelepels baharat kruidenmix (gekocht in de winkel of zie recept)
- 4 theelepel gemalen komijn
- 2 theelepel kappertjes, gehakt
- 1 ei, losgeklopt

INSTRUCTIES

a) Doe alle ingrediënten voor de gehaktbal in een grote mengkom. Voeg ¾ theelepel zout en veel zwarte peper toe en meng goed met je handen. Vorm balletjes van ongeveer dezelfde grootte als pingpongballen. Verhit 1 eetlepel olijfolie op middelhoog vuur in een extra grote koekenpan met deksel. Schroei de helft van de gehaktballetjes dicht en draai ze totdat ze rondom bruin zijn, ongeveer 5 minuten. Verwijder, voeg nog eens 1½ theelepel olijfolie toe aan de pan en kook de andere partij gehaktballetjes. Haal het uit de pan en veeg het schoon.

b) Terwijl de gehaktballetjes koken, doe je de tuinbonen in een pan met veel gezouten kokend water en blancheer je ze 2 minuten. Giet af en verfris onder koud water. Verwijder de schil van de helft van de tuinbonen en gooi de schil weg.

c) Verhit de resterende 3 eetlepels olijfolie op middelhoog vuur in dezelfde pan waarin je de gehaktballetjes dichtschroeide. Voeg de tijm, knoflook en groene ui toe en bak gedurende 3 minuten. Voeg de ongeschilde tuinbonen, 1½ eetlepel citroensap, ⅓ kopje / 80 ml bouillon, ¼ theelepel zout en veel zwarte peper toe. De bonen moeten bijna bedekt zijn met vloeistof. Dek de pan af en kook op laag vuur gedurende 10 minuten.

d) Doe de gehaktballetjes terug in de koekenpan met de tuinbonen. Voeg de resterende bouillon toe, dek de pan af en laat 25 minuten zachtjes koken. Proef de saus en pas de smaak aan. Als het erg vloeibaar is, verwijder dan het deksel en laat iets inkoken. Zodra de gehaktballetjes stoppen met koken, zullen ze een groot deel van de sappen opnemen, dus zorg ervoor dat er nog voldoende saus is. Je kunt de gehaktballetjes nu van het vuur laten staan tot ze klaar zijn om te serveren.

e) Verwarm vlak voor het serveren de gehaktballetjes opnieuw en voeg indien nodig een beetje water toe om voldoende saus te krijgen. Voeg de resterende kruiden, de resterende 1 eetlepel citroensap en de geschilde tuinbonen toe en roer heel voorzichtig. Serveer onmiddellijk.

44. Lamsgehaktballetjes met berberissen, yoghurt en kruiden

INGREDIËNTEN:

- 750 g lamsgehakt
- 2 middelgrote uien, fijngehakt
- ⅔ oz / 20 g platte peterselie, fijngehakt
- 3 teentjes knoflook, geperst
- ¾ theelepel gemalen piment
- ¾ theelepel gemalen kaneel
- 6 eetlepels / 60 g berberisbessen
- 1 groot vrije-uitloop ei
- 6½ el / 100 ml zonnebloemolie
- 700 g banaan of andere grote sjalotten, gepeld
- ¾ kopje plus 2 eetlepels / 200 ml witte wijn
- 2 kopjes / 500 ml kippenbouillon
- 2 laurierblaadjes
- 2 takjes tijm
- 2 theelepel suiker
- 5 oz / 150 g gedroogde vijgen
- 1 kopje / 200 g Griekse yoghurt
- 3 eetlepels gemengde munt, koriander, dille en dragon, grof gescheurd
- zout en versgemalen zwarte peper

INSTRUCTIES

a) Doe het lamsvlees, de uien, peterselie, knoflook, piment, kaneel, berberisbessen, ei, 1 theelepel zout en ½ theelepel zwarte peper in een grote kom. Meng met je handen en rol er balletjes van ter grootte van golfballen.

b) Verhit een derde van de olie op middelhoog vuur in een grote pan met een dikke bodem en een goed sluitend deksel. Doe er een paar gehaktballetjes in en bak en draai ze een paar minuten totdat ze rondom kleuren. Haal uit de pot en zet opzij. Kook de overige gehaktballetjes op dezelfde manier.

c) Veeg de pot schoon en voeg de resterende olie toe. Voeg de sjalotten toe en kook ze op middelhoog vuur gedurende 10 minuten, onder regelmatig roeren, tot ze goudbruin zijn. Voeg de wijn toe, laat een minuut of twee borrelen en voeg dan de kippenbouillon, laurierblaadjes, tijm, suiker en wat zout en peper toe. Verdeel de vijgen en gehaktballetjes tussen en bovenop de sjalotjes; de gehaktballetjes moeten bijna bedekt zijn met vloeistof. Breng aan de kook, dek af met het deksel, zet het vuur zeer laag en laat 30 minuten sudderen. Verwijder het deksel en laat nog ongeveer een uur sudderen, tot de saus is ingedikt en sterker van smaak is geworden. Proef en voeg indien nodig zout en peper toe.

d) Breng over naar een grote, diepe serveerschaal. Klop de yoghurt los, giet erover en bestrooi met de kruiden.

45. Gersterisotto met gemarineerde feta

INGREDIËNTEN:

- 1 kopje / 200 g parelgort
- 2 eetlepels / 30 g ongezouten boter
- 6 el / 90 ml olijfolie
- 2 kleine stengels bleekselderij, in blokjes van ¼ inch / 0,5 cm gesneden
- 2 kleine sjalotjes, in dobbelsteentjes van 0,5 cm gesneden
- 4 teentjes knoflook, in dobbelstenen van 1/16 inch / 2 mm gesneden
- 4 takjes tijm
- ½ tl gerookt paprikapoeder
- 1 laurierblad
- 4 reepjes citroenschil
- ¼ theelepel chilivlokken
- één blik van 400 g gehakte tomaten
- 3 kopjes / 700 ml groentebouillon
- 1¼ kopjes / 300 ml passata (gezeefde geplette tomaten)
- 1 eetl karwijzaad
- 300 g fetakaas, gebroken in stukjes van ongeveer ¾ inch / 2 cm
- 1 el verse oreganoblaadjes
- zout

INSTRUCTIES

a) Spoel de Alkmaarse gort goed af onder koud water en laat uitlekken.
b) Smelt de boter en 2 eetlepels olijfolie in een zeer grote koekenpan en kook de bleekselderij, sjalotjes en knoflook op zacht vuur gedurende 5 minuten, tot ze zacht zijn. Voeg de gerst, tijm, paprika, laurier, citroenschil, chilivlokken, tomaten, bouillon, passata en zout toe. Roer om te combineren.
c) Breng het mengsel aan de kook, laat het geheel zachtjes koken en laat het 45 minuten koken, terwijl u regelmatig roert om ervoor te zorgen dat de risotto niet aan de bodem van de pan blijft hangen. Als de gerst klaar is, moet hij zacht zijn en het grootste deel van de vloeistof geabsorbeerd zijn.
d) Rooster ondertussen het karwijzaad een paar minuten in een droge pan. Plet ze vervolgens lichtjes, zodat er enkele hele zaden overblijven. Voeg ze toe aan de feta met de resterende 4 eetlepels / 60 ml olijfolie en meng voorzichtig om te combineren.
e) Zodra de risotto klaar is, controleer je of je hem op smaak hebt gebracht en verdeel je hem over vier ondiepe kommen. Bestrijk elk gerecht met de gemarineerde feta, inclusief de olie, en een beetje oreganoblaadjes.

46. Geroosterde kip met clementines

INGREDIËNTEN:
- 6½ el / 100 ml arak, ouzo of Pernod
- 4 eetlepels olijfolie
- 3 eetlepels vers geperst sinaasappelsap
- 3 eetlepels vers geperst citroensap
- 2 eetlepels graanmosterd
- 3 eetlepels lichtbruine suiker
- 2 middelgrote venkelbollen (in totaal 500 g)
- 1 grote biologische kip of vrije-uitloopkip, ongeveer 1,3 kg, verdeeld in 8 stukken, of hetzelfde gewicht in kippendijen met vel en bot
- 4 clementines, ongeschild (14 oz / 400 g in totaal), horizontaal gesneden in plakjes van ¼ inch / 0,5 cm
- 1 eetl tijmblaadjes
- 2½ theelepel venkelzaad, licht geplet
- zout en versgemalen zwarte peper
- gehakte platte peterselie, om te garneren

INSTRUCTIES

a) Doe de eerste zes ingrediënten in een grote mengkom en voeg 2½ theelepel zout en 1½ theelepel zwarte peper toe. Goed kloppen en opzij zetten.

b) Maak de venkel schoon en snijd elke bol in de lengte doormidden. Snij elke helft in 4 partjes. Voeg de venkel toe aan de vloeistoffen, samen met de stukjes kip, clementineschijfjes, tijm en venkelzaad. Roer goed met je handen en laat het een paar uur of een hele nacht in de koelkast marineren (het marineren is ook prima als je weinig tijd hebt).

c) Verwarm de oven voor op 220°C. Breng de kip en de marinade over naar een bakplaat die groot genoeg is om alles comfortabel in één laag te kunnen plaatsen (een pan van ongeveer 30 bij 37 cm); de kippenhuid moet naar boven wijzen. Zodra de oven heet genoeg is, zet je de pan in de oven en bak je hem 35 tot 45 minuten, totdat de kip verkleurd en gaar is. Haal uit de oven.

d) Haal de kip, venkel en clementines uit de pan en schik ze op een serveerschaal; afdekken en warm houden.

e) Giet de kookvloeistof in een kleine pan, zet deze op middelhoog vuur, breng aan de kook en laat sudderen tot de saus met een derde is ingedikt, zodat je ongeveer ⅓ kopje / 80 ml overhoudt.

f) Giet de hete saus over de kip, garneer met wat peterselie en serveer.

47. Mejadra

INGREDIËNTEN:

- 1¼ kopjes / 250 g groene of bruine linzen
- 4 middelgrote uien (700 g / 1½ lb vóór het pellen)
- 3 eetlepels bloem voor alle doeleinden
- ongeveer 1 kopje / 250 ml zonnebloemolie
- 2 theelepel komijnzaad
- 1½ eetl korianderzaad
- 1 kop / 200 g basmatirijst
- 2 eetlepels olijfolie
- ½ theelepel gemalen kurkuma
- 1½ theelepel gemalen piment
- 1½ theelepel gemalen kaneel
- 1 theelepel suiker
- 1½ kopjes / 350 ml water
- zout en versgemalen zwarte peper

INSTRUCTIES

a) Doe de linzen in een kleine pan, bedek ze met ruim water, breng aan de kook en kook gedurende 12 tot 15 minuten, tot de linzen zacht zijn maar nog wel een beetje beet hebben. Giet af en zet opzij.

b) Pel de uien en snijd ze in dunne plakjes. Leg het op een groot plat bord, bestrooi met de bloem en 1 theelepel zout en meng goed met je handen. Verhit de zonnebloemolie in een pan met middelmatige dikke bodem en zet deze op hoog vuur. Zorg ervoor dat de olie heet is door er een klein stukje ui in te gooien; het moet krachtig sissen. Zet het vuur middelhoog en voeg voorzichtig (het kan spugen!) een derde van de gesneden ui toe. Bak 5 tot 7 minuten, af en toe roeren met een schuimspaan, tot de ui een mooie goudbruine kleur krijgt en krokant wordt (pas de temperatuur aan zodat de ui niet te snel bakt en verbrandt). Gebruik de lepel om de ui over te brengen naar een vergiet bekleed met keukenpapier en bestrooi met nog een beetje zout. Doe hetzelfde met de andere twee partijen uien; voeg indien nodig een beetje extra olie toe.

c) Veeg de pan waarin je de ui gebakken hebt schoon en doe het komijn- en korianderzaad erin. Zet op middelhoog vuur en rooster de zaden een minuut of twee. Voeg de rijst, olijfolie, kurkuma, piment, kaneel, suiker, ½ theelepel zout en veel zwarte peper toe. Roer om de rijst met de olie te bedekken en voeg dan de gekookte linzen en het water toe. Breng aan de kook, dek af met een deksel en laat op zeer laag vuur gedurende 15 minuten koken.

d) Haal van het vuur, til het deksel eraf en dek de pan snel af met een schone theedoek. Sluit goed af met het deksel en laat 10 minuten staan.

e) Voeg ten slotte de helft van de gebakken ui toe aan de rijst en de linzen en roer voorzichtig met een vork. Doe het mengsel in een ondiepe serveerschaal en garneer met de rest van de ui.

48. Couscous met tomaat en ui

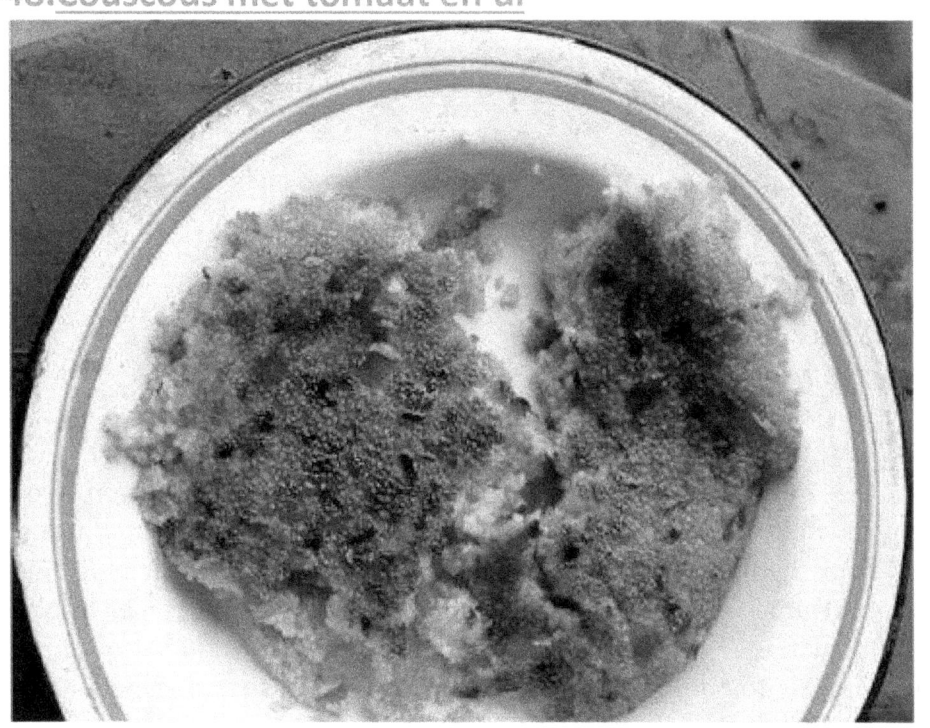

INGREDIËNTEN:
- 3 eetlepels olijfolie
- 1 middelgrote ui, fijngehakt (1 kop / 160 g in totaal)
- 1 eetl tomatenpuree
- ½ theelepel suiker
- 2 zeer rijpe tomaten, in dobbelsteentjes van ¼ inch / 0,5 cm gesneden (1¾ kopjes / 320 g in totaal)
- 1 kop / 150 g couscous
- 1 kopje / 220 ml kokende kippen- of groentebouillon
- 2½ el / 40 g ongezouten boter
- zout en versgemalen zwarte peper

INSTRUCTIES

a) Giet 2 eetlepels olijfolie in een pan met anti-aanbaklaag van ongeveer 22 cm in diameter en plaats op middelhoog vuur. Voeg de ui toe en kook 5 minuten, onder regelmatig roeren, tot hij zacht maar niet gekleurd is. Roer de tomatenpuree en de suiker erdoor en kook 1 minuut.

b) Voeg de tomaten, ½ theelepel zout en wat zwarte peper toe en kook gedurende 3 minuten.

c) Doe ondertussen de couscous in een ondiepe kom, giet de kokende bouillon erover en dek af met plasticfolie. Laat het 10 minuten staan, verwijder dan het deksel en maak de couscous los met een vork. Voeg de tomatensaus toe en roer goed.

d) Veeg de pan schoon en verwarm de boter en de resterende 1 eetlepel olijfolie op middelhoog vuur. Als de boter is gesmolten, schep je de couscous in de pan en klop je hem met de achterkant van de lepel zachtjes aan, zodat alles goed vast zit.

e) Dek de pan af, zet het vuur op de laagste stand en laat de couscous 10 tot 12 minuten stomen, totdat je een lichtbruine kleur rond de randen ziet. Gebruik een spatel of een mes om tussen de rand van de couscous en de zijkant van de pan te kijken: je wilt een echt knapperige rand over de hele bodem en zijkanten.

f) Draai een groot bord om op de pan en draai de pan en het bord snel om, zodat de couscous op het bord valt. Serveer warm of op kamertemperatuur.

SOEPEN

49. Geroosterde Wortelsoep Met Dukkah Kruiden

INGREDIËNTEN:
- 1/2 kopje ongezouten, gepelde rauwe natuurlijke pistachenoten
- 2 eetlepels sesamzaadjes
- 2 theelepels korianderzaad
- 2 theelepels komijnzaad
- 1/2 theelepel venkelzaad
- 1/4 theelepel hele zwarte peperkorrels
- 2 theelepels koosjer zout, plus meer naar smaak
- 2 theelepels kurkuma
- 1/2 theelepel kaneel
- 1/2 theelepel nootmuskaat, vers geraspt
- 2 theelepels komijn, vers gemalen
- 1 theelepel Omani (gemalen citroen)
- 1/4 kopje appelciderazijn
- 2 pond wortels, geschild, in maantjes van 1/2 inch gesneden
- 1 grote gele ui, geschild, in plakjes van 1/4 inch gesneden
- 8 teentjes knoflook, gepeld
- 4-8 eetlepels ongezouten boter, gesmolten
- Versgemalen zwarte peper, naar smaak
- 6 kopjes kippenbouillon
- Volvette Griekse yoghurt, voor garnering
- Koriander, grof gehakt, voor garnering

INSTRUCTIES:
Dukkah-kruidenmengsel bereiden:
a) Rooster de pistachenoten in een droge koekenpan op middelhoog vuur tot ze goudbruin zijn. Breng over naar een klein bord en laat afkoelen.
b) Voeg in dezelfde koekenpan sesamzaad, korianderzaad, komijnzaad, venkelzaad en peperkorrels toe. Rooster tot het geurig is, doe het dan op het bord met de noten en laat afkoelen.
c) Breng het noten- en kruidenmengsel samen met 1 theelepel zout over in een keukenmachine of vijzel en stamper. Maal grof om het Dukkah-kruidenmengsel te maken. Dit kan van tevoren worden gemaakt en luchtdicht bij kamertemperatuur worden bewaard.

Rooster de groenten:

d) Verwarm de oven voor op 425 ° F.
e) Leg de wortels, uien en knoflook op een omrande bakplaat. Besprenkel met gesmolten boter, breng op smaak met zout en peper en schep om.
f) Rooster ongeveer 25 minuten tot de uien bruin beginnen te worden. Verwijder uien en knoflook. Ga door met het roosteren van de wortels gedurende nog eens 10-20 minuten tot ze zacht zijn en bruin beginnen te worden.

Bereid de soep:

g) Meng in een grote pan de geroosterde uien en knoflook met 1 eetlepel boter, zout en peper.
h) Voeg 3 eetlepels appelciderazijn toe en kook tot het is ingekookt, ongeveer 3-5 minuten, af en toe roerend.
i) Voeg kippenbouillon, kurkuma, kaneel, komijn, nootmuskaat en Omani toe. Breng aan de kook en voeg de geroosterde wortels toe. Laat ongeveer 30 minuten sudderen tot de wortels zacht zijn.
j) Gebruik een staafmixer of blender om de soep tot een gladde massa te pureren.
k) Giet de soep in een middelgrote pan en breng op middelhoog vuur zachtjes aan de kook. Breng op smaak met zout en peper.
l) Verdeel de hete soep over kommen.
m) Schep een klodder yoghurt in het midden van elke kom.
n) Bestrooi met Dukkah kruidenmengsel en garneer met verse koriander.

50.Marak Samak (Omanische vissoep)

INGREDIËNTEN:
- 500 g witte visfilets, in stukjes gesneden
- 1 ui, fijngehakt
- 2 tomaten, in blokjes gesneden
- 2 teentjes knoflook, fijngehakt
- 1 theelepel gemalen kurkuma
- 1 theelepel gemalen komijn
- 1 theelepel gemalen koriander
- 1/4 kop gehakte koriander
- 1 citroen, uitgeperst
- Zout en peper naar smaak

INSTRUCTIES:
a) Fruit de uien en knoflook in een pan tot ze zacht zijn.
b) Voeg tomaten, kurkuma, komijn en koriander toe. Kook tot de tomaten zacht zijn.
c) Giet er voldoende water in om de ingrediënten te bedekken. Breng aan de kook.
d) Voeg voorzichtig stukjes vis toe en kook tot de vis ondoorzichtig en gaar is.
e) Roer koriander, citroensap, zout en peper erdoor. Heet opdienen.

51. Shorbat Adas (Omanische linzensoep)

INGREDIËNTEN:
- 1 kopje rode linzen, gewassen
- 1 ui, gehakt
- 2 wortels, in blokjes gesneden
- 2 tomaten, in blokjes gesneden
- 2 teentjes knoflook, fijngehakt
- 1 theelepel gemalen komijn
- 1 theelepel gemalen koriander
- 1/2 theelepel gemalen kurkuma
- 6 kopjes groente- of kippenbouillon
- Olijfolie om te besprenkelen
- Zout en peper naar smaak

INSTRUCTIES:
a) Fruit de uien en knoflook in een pan tot ze glazig zijn.
b) Voeg wortels, tomaten, linzen, komijn, koriander en kurkuma toe. Goed roeren.
c) Giet de bouillon erbij en breng aan de kook. Zet het vuur lager en laat sudderen tot de linzen gaar zijn.
d) Breng op smaak met zout en peper. Besprenkel voor het serveren met olijfolie.

52.Shorbat Khodar (Omanische groentesoep)

INGREDIËNTEN:
- 1 ui, gehakt
- 2 wortels, in blokjes gesneden
- 2 courgettes, in blokjes gesneden
- 1 aardappel, in blokjes gesneden
- 1/2 kop sperziebonen, gehakt
- 1/4 kop linzen
- 1 theelepel gemalen komijn
- 1 theelepel gemalen koriander
- 6 kopjes groentebouillon
- Verse peterselie, gehakt (voor garnering)
- Olijfolie om te besprenkelen
- Zout en peper naar smaak

INSTRUCTIES:
a) Fruit de uien in een pan tot ze glazig zijn.
b) Voeg wortels, courgette, aardappel, sperziebonen, linzen, komijn en koriander toe. Goed roeren.
c) Giet de groentebouillon erbij en breng aan de kook. Zet het vuur lager en laat sudderen tot de groenten gaar zijn.
d) Breng op smaak met zout en peper. Garneer met verse peterselie en besprenkel met olijfolie voordat je het serveert.

53.Limoen Kippensoep

INGREDIËNTEN:
- 2 eetlepels olijfolie
- ½ gele of witte ui fijngesneden
- 2 teentjes knoflook fijngehakt
- 5 kopjes natriumarme kippenbouillon
- 4 gedroogde Perzische limoenen
- 2 eetlepels kurkuma
- 1 kop Basmatirijst
- 13 ounce blik kikkererwten gespoeld
- 1 kopje gekookte geraspte kip
- Grond zwarte peper
- Peterselieblaadjes gehakt, ter garnering

INSTRUCTIES:

a) Zet een braadpan op middelhoog vuur, besprenkel met olijfolie en bak de gesnipperde ui 4-5 minuten tot ze zacht zijn. Voeg de knoflook toe en bak nog een minuut.

b) Giet de kippenbouillon erbij en voeg gedroogde limoenen, kurkuma, basmatirijst en kikkererwten toe en kook tot de rijst gaar is, ongeveer 15 minuten.

c) Voeg de geraspte kip toe en kook op laag vuur tot de kip is opgewarmd.

d) Verwijder de gedroogde limoenen en gooi ze weg voordat je ze serveert. Schep de soep in kommen en garneer met gehakte peterselie en gemalen zwarte peper.

54. Harira (Omani gekruide kikkererwtensoep)

INGREDIËNTEN:
- 1 kopje gedroogde kikkererwten, een nacht geweekt
- 1 ui, fijngehakt
- 2 tomaten, in blokjes gesneden
- 2 eetlepels tomatenpuree
- 1/2 kop linzen
- 2 teentjes knoflook, fijngehakt
- 1 theelepel gemalen kaneel
- 1 theelepel gemalen komijn
- 1/2 theelepel gemalen kurkuma
- Zout en peper naar smaak
- 6 kopjes kippen- of groentebouillon
- 2 eetlepels plantaardige olie
- Verse koriander voor garnering

INSTRUCTIES:
a) Verhit plantaardige olie in een grote pan op middelhoog vuur. Voeg gehakte uien en gehakte knoflook toe, bak tot ze zacht zijn.
b) Voeg kikkererwten, linzen, tomaten en tomatenpuree toe. Kook gedurende 5 minuten.
c) Voeg kaneel, komijn, kurkuma, zout en peper toe. Goed roeren.
d) Giet de bouillon erbij en breng aan de kook. Zet het vuur lager en laat sudderen tot de kikkererwten gaar zijn.
e) Pas de smaak aan en serveer warm, gegarneerd met verse koriander.

55.Shorbat Hab (Omanische linzen- en gerstsoep)

INGREDIËNTEN:
- 1 kopje groene of bruine linzen, gewassen en uitgelekt
- 1/2 kop parelgort, gespoeld
- 1 ui, fijngehakt
- 2 tomaten, in blokjes gesneden
- 2 wortels, in blokjes gesneden
- 2 stengels bleekselderij, gehakt
- 2 teentjes knoflook, fijngehakt
- 1 theelepel gemalen kurkuma
- 1 theelepel gemalen komijn
- Zout en peper naar smaak
- 6 kopjes kippen- of groentebouillon
- 2 eetlepels plantaardige olie
- Citroenpartjes voor erbij

INSTRUCTIES:
a) Verhit plantaardige olie in een grote pan op middelhoog vuur. Voeg gehakte uien en gehakte knoflook toe, bak tot ze doorschijnend zijn.
b) Voeg linzen, gerst, tomaten, wortels, selderij, kurkuma, komijn, zout en peper toe. Kook gedurende 5 minuten.
c) Giet de bouillon erbij en breng aan de kook. Zet het vuur lager en laat sudderen tot de linzen en gerst gaar zijn.
d) Pas de smaak aan en serveer warm met een scheutje citroen.

56.Omaanse Groentenshurbah

INGREDIËNTEN:
- 2 eetlepels plantaardige olie
- 1 ui, fijngehakt
- 2 wortels, geschild en in blokjes
- 2 aardappelen, geschild en in blokjes
- 1 courgette, in blokjes gesneden
- 1 kop sperziebonen, gehakt
- 2 tomaten, in blokjes gesneden
- 3 teentjes knoflook, fijngehakt
- 1 theelepel gemalen komijn
- 1 theelepel gemalen koriander
- 1 theelepel gemalen kurkuma
- Zout en peper naar smaak
- 6 kopjes groentebouillon
- 1/2 kop vermicelli of kleine pasta
- Verse peterselie ter garnering

INSTRUCTIES:
a) Verhit plantaardige olie in een grote pan op middelhoog vuur. Voeg gehakte uien en gehakte knoflook toe, bak tot ze zacht zijn.
b) Voeg in blokjes gesneden wortels, aardappelen, courgette, sperziebonen en tomaten toe aan de pot. Kook ongeveer 5 minuten, af en toe roerend.
c) Strooi gemalen komijn, koriander, kurkuma, zout en peper over de groenten. Roer goed om de groenten met de kruiden te bedekken.
d) Giet de groentebouillon erbij en breng het mengsel aan de kook. Zodra het kookt, zet je het vuur laag en laat je het ongeveer 15-20 minuten koken, of tot de groenten gaar zijn.
e) Voeg vermicelli of kleine pasta toe aan de pan en kook volgens de instructies op de verpakking tot ze beetgaar zijn.
f) Pas indien nodig de smaak aan en laat de soep nog eens 5 minuten sudderen, zodat de smaken zich kunnen vermengen.
g) Serveer warm, gegarneerd met verse peterselie.

57. Omaanse tomatenvissoep

INGREDIËNTEN:
- 1 middelgrote chilipeper
- 1 eetlepel plantaardige olie
- 2 teentjes knoflook, fijngehakt
- 4 kopjes water
- 1 zakje Kipnoedelsoep
- 1 middelgrote tomaat, in blokjes gesneden
- 300 g kingfishfilet, in kleine blokjes gesneden
- 1 eetlepel verse peterselie

INSTRUCTIES:
a) Fruit in een middelgrote pan de chili en knoflook in plantaardige olie tot ze zacht zijn.
b) Voeg water toe en breng aan de kook.
c) Voeg kipnoedelsoep, in blokjes gesneden tomaat en stukjes vis toe.
d) Laat het op middelhoog vuur 5 minuten sudderen, of tot de soep dikker wordt en de vis volledig gaar is.
e) Serveer de soep met verse peterselie en partjes citroen.

58. Omani-Balochi Citroenviscurry (Paplo)

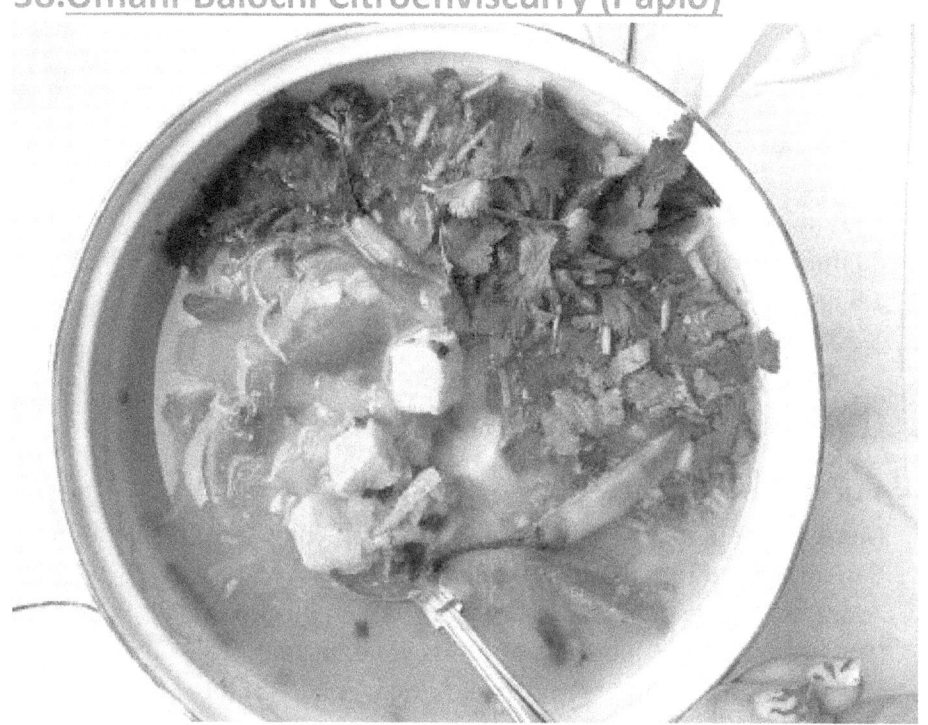

INGREDIËNTEN:

- 1 eetlepel knoflook
- 2 uien, klein gesneden
- 650 g zwaardvis (of alternatief, in kleine stukjes gesneden)
- 1 eetlepel kurkuma
- 2 middelgrote tomaten, in vieren gesneden
- Zout naar smaak
- 80 ml citroensap (ongeveer 2,5 citroenen)
- 1,5 liter water
- 1/2 theelepel Baharat
- 2 verse groene pepers, grof gehakt
- Klein bosje verse koriander (ongeveer 30-40 g), fijngehakt

INSTRUCTIES:

a) Meng in een grote pan water, knoflook, uien, pepers, tomaten, Baharat en kurkuma. Aan de kook brengen.
b) Zodra het mengsel begint te borrelen, doe je de gehakte vis in de pan.
c) Laat het mengsel sudderen tot de vis volledig gaar is.
d) Voeg zout en citroensap toe en laat ongeveer 10 minuten op laag vuur sudderen, zodat het mengsel een paar centimeter lichtjes kan verdampen.
e) Roer voor het serveren de fijngehakte verse koriander erdoor.

59. Waterkers -kikkererwtensoep met rozenwater

INGREDIËNTEN:

- 2 middelgrote wortels (9 oz / 250 g in totaal), gesneden in blokjes van ¾ inch / 2 cm
- 3 eetlepels olijfolie
- 2½ tl ras el hanout
- ½ theelepel gemalen kaneel
- 1½ kopjes / 240 g gekookte kikkererwten, vers of uit blik
- 1 middelgrote ui, in dunne plakjes gesneden
- 2½ el / 15 g geschilde en fijngehakte verse gember
- 2½ kopjes / 600 ml groentebouillon
- 200 g waterkers
- 3½ oz / 100 g spinazieblaadjes
- 2 theelepels superfijne suiker
- 1 theelepel rozenwater
- zout
- Griekse yoghurt, om te serveren (optioneel)
- Verwarm de oven voor op 220°C.

INSTRUCTIES

a) Meng de wortels met 1 eetlepel olijfolie, de ras el hanout, kaneel en een flinke snuf zout en verdeel ze plat in een met bakpapier beklede braadpan. Zet 15 minuten in de oven, voeg dan de helft van de kikkererwten toe, roer goed en kook nog eens 10 minuten, tot de wortel zacht wordt maar nog wel een hapje heeft.

b) Doe ondertussen de ui en gember in een grote pan. Fruit de ui met de overgebleven olijfolie ongeveer 10 minuten op middelhoog vuur, tot de ui helemaal zacht en goudbruin is. Voeg de resterende kikkererwten, bouillon, waterkers, spinazie, suiker en ¾ theelepel zout toe, roer goed en breng aan de kook. Kook een minuut of twee, totdat de bladeren verwelken.

c) Gebruik een keukenmachine of blender en maal de soep tot een gladde massa. Voeg het rozenwater toe, roer, proef en voeg eventueel meer zout of rozenwater toe. Zet opzij totdat de wortel en kikkererwten klaar zijn en verwarm vervolgens opnieuw om te serveren.

d) Verdeel de soep over vier kommen en garneer met de hete wortel en kikkererwten en eventueel ongeveer 2 theelepels yoghurt per portie.

60. Hete yoghurt en gerstsoep

INGREDIËNTEN:

- 6¾ kopjes / 1,6 liter water
- 1 kopje / 200 g parelgort
- 2 middelgrote uien, fijngehakt
- 1½ theelepel gedroogde munt
- 4 eetlepels / 60 g ongezouten boter
- 2 grote eieren, losgeklopt
- 2 kopjes / 400 g Griekse yoghurt
- ⅔ oz / 20 g verse munt, gehakt
- ⅓ oz / 10 g platte peterselie, gehakt
- 3 groene uien, in dunne plakjes gesneden
- zout en versgemalen zwarte peper

INSTRUCTIES

a) Breng het water met de gerst in een grote pan aan de kook, voeg 1 theelepel zout toe en laat sudderen tot de gerst gaar maar nog steeds beetgaar is, 15 tot 20 minuten. Haal van het vuur. Eenmaal gekookt heb je 1,1 liter kookvocht nodig voor de soep; vul water bij als je door verdamping minder overhoudt.

b) Terwijl de gerst kookt, bak je de ui en de gedroogde munt op middelhoog vuur in de boter tot ze zacht zijn, ongeveer 15 minuten. Voeg dit toe aan de gekookte gerst.

c) Klop de eieren en yoghurt samen in een grote hittebestendige mengkom. Voeg langzaam wat gerst en water toe, pollepel voor lepel, tot de yoghurt is opgewarmd. Hierdoor worden de yoghurt en de eieren getempereerd en voorkomen ze dat ze splijten wanneer ze aan de hete vloeistof worden toegevoegd.

d) Voeg de yoghurt toe aan de soeppan en zet het geheel onder voortdurend roeren op middelhoog vuur tot de soep heel licht kookt. Haal van het vuur, voeg de gehakte kruiden en groene uien toe en controleer de smaak.

e) Heet opdienen.

SALADES

61.Omaanse zeevruchtensalade

INGREDIËNTEN:
VOOR DE SALADE:
- 500 g haaienvlees, gekookt en in blokjes gesneden
- 1 kopje komkommer, in blokjes gesneden
- 1 kop tomaten, in blokjes gesneden
- 1/2 kop rode ui, fijngehakt
- 1/4 kopje verse koriander, gehakt
- 1/4 kop verse munt, gehakt
- 1 groene chilipeper, fijngehakt (aanpassen aan smaak)
- Zout en peper naar smaak

VOOR DE DRESSING:
- 3 eetlepels olijfolie
- 2 eetlepels citroensap
- 1 theelepel gemalen komijn
- 1 theelepel gemalen koriander
- Zout en peper naar smaak

INSTRUCTIES:
a) Zorg ervoor dat het haaienvlees goed gaar is. Je kunt het grillen, bakken of pocheren. Eenmaal gekookt, laat het afkoelen en snijd het in hapklare stukjes.

b) Meng in een grote kom het in blokjes gesneden haaienvlees, de komkommer, de tomaten, de rode ui, de koriander, de munt en de groene chili.

MAAK DE DRESSING:
c) Meng in een kleine kom olijfolie, citroensap, gemalen komijn, gemalen koriander, zout en peper.

MONTEER DE SALADE:
d) Giet de dressing over de salade-ingrediënten en roer voorzichtig tot alles goed bedekt is.

e) Zet de salade minimaal 30 minuten in de koelkast, zodat de smaken zich kunnen vermengen.

f) Geef de salade nog een laatste keer voordat je hem serveert. Pas indien nodig zout en peper aan.

g) Serveer de Omani-geïnspireerde haaiensalade gekoeld.

62.Omaanse tomaten- en komkommersalade

INGREDIËNTEN:
- 4 tomaten, in blokjes gesneden
- 2 komkommers, in blokjes gesneden
- 1 rode ui, fijngehakt
- 1 groene chilipeper, fijngehakt
- Verse koriander, gehakt
- Sap van 2 citroenen
- Zout en peper naar smaak

INSTRUCTIES:
a) Combineer tomaten, komkommers, rode ui, groene chili en koriander in een kom.
b) Voeg citroensap, zout en peper toe. Gooi om te combineren.
c) Zet het een uur in de koelkast voordat u het serveert.

63.Omaanse spinazie-granaatappelsalade

INGREDIËNTEN:
- 4 kopjes verse spinazieblaadjes
- 1 kopje granaatappelpitjes
- 1/2 kop fetakaas, verkruimeld
- 1/4 kopje walnoten, gehakt
- Olijfolie
- Balsamico azijn
- Zout en peper naar smaak

INSTRUCTIES:
a) Schik de spinazieblaadjes op een serveerschaal.
b) Strooi granaatappelpitjes, fetakaas en gehakte walnoten over de spinazie.
c) Besprenkel met olijfolie en balsamicoazijn.
d) Breng op smaak met zout en peper. Voor het serveren voorzichtig omscheppen.

64. Omaanse Kikkererwtensalade (Salatat Hummus)

INGREDIËNTEN:
- 2 kopjes gekookte kikkererwten
- 1 komkommer, in blokjes gesneden
- 1 tomaat, in blokjes gesneden
- 1/2 rode ui, fijngehakt
- 1/4 kop gehakte verse munt
- 1/4 kop gehakte verse peterselie
- Sap van 1 citroen
- 2 eetlepels olijfolie
- Zout en peper naar smaak

INSTRUCTIES:
a) Meng in een kom kikkererwten, komkommer, tomaat, rode ui, munt en peterselie.
b) Besprenkel met citroensap en olijfolie.
c) Breng op smaak met zout en peper.
d) Meng de salade goed en serveer gekoeld.

65.Omaanse taboulehsalade

INGREDIËNTEN:
- 1 kopje bulgurtarwe, 1 uur geweekt in heet water
- 2 kopjes verse peterselie, fijngehakt
- 1 kopje verse muntblaadjes, fijngehakt
- 4 tomaten, in fijne blokjes gesneden
- 1 komkommer, fijngesneden
- 1/2 kop rode ui, fijngehakt
- Sap van 3 citroenen
- Olijfolie
- Zout en peper naar smaak

INSTRUCTIES:
a) Giet de geweekte bulgur af en doe deze in een grote kom.
b) Voeg gehakte peterselie, munt, tomaten, komkommer en rode ui toe.
c) Meng in een kleine kom het citroensap en de olijfolie. Giet over de salade.
d) Breng op smaak met zout en peper. Meng goed en zet minimaal 30 minuten in de koelkast voordat u het serveert.

66.Omaanse Fattoush-salade

INGREDIËNTEN:
- 2 kopjes gemengde saladegroenten (sla, rucola, radicchio)
- 1 komkommer, in blokjes gesneden
- 2 tomaten, in blokjes gesneden
- 1 rode paprika, gehakt
- 1/2 kopje radijsjes, in plakjes gesneden
- 1/4 kopje verse muntblaadjes, gehakt
- 1/4 kop verse peterselie, gehakt
- 1/4 kopje olijfolie
- Sap van 1 citroen
- 1 theelepel sumak
- Zout en peper naar smaak
- Pitabroodje, geroosterd en in stukjes gebroken

INSTRUCTIES:
a) Meng in een grote kom de saladegroenten, komkommer, tomaten, paprika, radijsjes, munt en peterselie.
b) Meng in een kleine kom olijfolie, citroensap, sumak, zout en peper.
c) Giet de dressing over de salade en roer door elkaar.
d) Beleg voor het serveren met geroosterde stukjes pitabrood.

67.Omaanse bloemkool-, bonen- en rijstsalade

INGREDIËNTEN:
VOOR DE SALADE:
- 1 kop gekookte basmatirijst, gekoeld
- 1 kleine bloemkoolkroon, in roosjes gesneden
- 1 blik bruine bonen (15 oz), uitgelekt en afgespoeld
- 1/2 kop gehakte verse peterselie
- 1/4 kop gehakte verse muntblaadjes
- 1/4 kop gesneden groene uien

VOOR DE DRESSING:
- 3 eetlepels olijfolie
- 2 eetlepels citroensap
- 1 theelepel gemalen komijn
- 1 theelepel gemalen koriander
- Zout en peper naar smaak

INSTRUCTIES:
a) Verwarm de oven voor op 200 °C.
b) Meng de bloemkoolroosjes met een beetje olijfolie, zout en peper.
c) Verdeel ze over een bakplaat en rooster ze ongeveer 20-25 minuten, of tot ze goudbruin en gaar zijn. Laat het afkoelen.
d) Kook de basmatirijst volgens de instructies op de verpakking. Eenmaal gekookt, laat het afkoelen tot kamertemperatuur.
e) Meng in een kleine kom olijfolie, citroensap, gemalen komijn, gemalen koriander, zout en peper. Pas de kruiden aan naar jouw smaak.
f) Meng in een grote slakom de gekoelde rijst, geroosterde bloemkool, bruine bonen, gehakte peterselie, gehakte munt en gesneden groene uien.
g) Giet de dressing over de salade-ingrediënten en roer voorzichtig tot alles goed bedekt is.
h) Zet de salade minimaal 30 minuten in de koelkast voordat je hem serveert, zodat de smaken zich kunnen vermengen.
i) Serveer gekoeld en garneer eventueel met extra verse kruiden.

68.Omaanse dadel- en walnootsalade

INGREDIËNTEN:
- 1 kopje gemengde saladegroenten
- 1 kopje dadels, ontpit en gehakt
- 1/2 kopje walnoten, gehakt
- 1/4 kop fetakaas, verkruimeld
- Balsamicovinaigrettedressing

INSTRUCTIES:
a) Schik de groene salades op een serveerschaal.
b) Strooi gehakte dadels, walnoten en verkruimelde fetakaas over de greens.
c) Besprenkel met balsamicovinaigrettedressing.
d) Voor het serveren voorzichtig omscheppen.

69.Omaanse wortel- en sinaasappelsalade

INGREDIËNTEN:
- 4 kopjes geraspte wortelen
- 2 sinaasappels, geschild en in partjes
- 1/4 kop rozijnen
- 1/4 kop gehakte pistachenoten
- Sinaasappelvinaigrettedressing

INSTRUCTIES:
a) Meng in een grote kom geraspte wortels, sinaasappelpartjes, rozijnen en pistachenoten.
b) Besprenkel met sinaasappelvinaigrettedressing.
c) Meng goed en zet minimaal 30 minuten in de koelkast voordat u het serveert.

70.Omaanse Quinoasalade

INGREDIËNTEN:
- 1 kopje gekookte quinoa
- 1 kop kerstomaatjes, gehalveerd
- 1 komkommer, in blokjes gesneden
- 1/2 kop fetakaas, verkruimeld
- 1/4 kopje Kalamata-olijven, in plakjes gesneden
- Verse oregano, gehakt
- Olijfolie
- rode wijnazijn
- Zout en peper naar smaak

INSTRUCTIES:
a) Meng in een grote kom gekookte quinoa, kerstomaatjes, komkommer, fetakaas, olijven en verse oregano.
b) Besprenkel met olijfolie en rode wijnazijn.
c) Breng op smaak met zout en peper. Voor het serveren voorzichtig omscheppen.

71.Omaanse rode biet en yoghurtsalade

INGREDIËNTEN:
- 2 middelgrote bieten, gekookt en in blokjes gesneden
- 1 kopje yoghurt
- 2 teentjes knoflook, fijngehakt
- Zout, naar smaak
- Gehakte muntblaadjes voor garnering

INSTRUCTIES:
a) Meng de in blokjes gesneden bieten en yoghurt in een kom.
b) Voeg gehakte knoflook en zout toe en roer goed.
c) Garneer met gehakte muntblaadjes.
d) Chill voor het serveren.

72.Omaanse koolsalade

INGREDIËNTEN:
- 1 kleine kool, fijn gesneden
- 1 wortel, geraspt
- 1/2 kop mayonaise
- 1 eetlepel witte azijn
- 1 eetlepel suiker
- Zout en peper naar smaak

INSTRUCTIES:
a) Meng in een grote kom de geraspte kool en de geraspte wortel.
b) Meng in een aparte kom mayonaise, witte azijn, suiker, zout en peper om de dressing te maken.
c) Giet de dressing over het koolmengsel en roer tot alles goed bedekt is.
d) Chill voor het serveren.

73.Omaanse linzensalade (Salatat-advertenties)

INGREDIËNTEN:
- 1 kopje gekookte bruine linzen
- 1 komkommer, in blokjes gesneden
- 1 tomaat, in blokjes gesneden
- 1 rode ui, fijngehakt
- Verse koriander, gehakt
- Olijfolie
- Citroensap
- Gemalen komijn
- Zout en peper naar smaak

INSTRUCTIES:
a) Meng in een kom gekookte linzen, in blokjes gesneden komkommer, in blokjes gesneden tomaat en gehakte rode ui.
b) Besprenkel met olijfolie en citroensap.
c) Strooi gemalen komijn, verse koriander, zout en peper.
d) Schep de salade voorzichtig om en serveer gekoeld.

NAGERECHT

74.Omaanse rozenwaterpudding (Mahalabiya)

INGREDIËNTEN:
- 1/2 kop rijstmeel
- 4 kopjes melk
- 1 kopje suiker
- 1 theelepel rozenwater
- Gehakte pistachenoten voor garnering

INSTRUCTIES:

a) Los in een kom rijstmeel op in een kleine hoeveelheid melk, zodat er een gladde pasta ontstaat.
b) Verwarm de resterende melk en suiker in een pan op middelhoog vuur.
c) Voeg de rijstmeelpasta toe aan de pan en roer voortdurend tot het mengsel dikker wordt.
d) Haal van het vuur en roer het rozenwater erdoor.
e) Giet het mengsel in serveerschalen en laat het afkoelen.
f) Eenmaal ingesteld, in de koelkast bewaren tot het gekoeld is.
g) Garneer voor het serveren met gehakte pistachenoten.

75.Omani Halwa (zoet geleidessert)

INGREDIËNTEN:
- 1/2 kop maïsmeel
- 2 kopjes Water
- 1 kopje basterdsuiker
- 2 eetlepels cashewnoten, gehakt (of amandelen of pistachenoten)
- 1 eetlepel boter
- 1/4 theelepel gemalen kardemom
- 2 snufjes rozenwater
- 1 snufje saffraandraden

INSTRUCTIES:
a) Meng maïsmeel (1/2 kopje) in water (2 kopjes) en zet opzij.
b) Karameliseer de basterdsuiker (1 kopje) in een pan met een dikke bodem. Zet het vuur lager en voeg het maïzena-gemengde water toe. In eerste instantie kan de gekarameliseerde suiker hard worden, maar bij verhitting zal deze smelten en een gladde vloeistof worden.
c) Roer voortdurend om klontjes te voorkomen. Terwijl het mengsel dikker wordt, voeg je gehakte cashewnoten (2 eetlepels), boter (1 eetlepel), gemalen kardemom (1/4 theelepel), rozenwater (2 snufjes) en saffraandraden (1 snufje) toe.
d) Laat het mengsel dik worden en totdat het de zijkanten van de pan begint te verlaten.
e) Schakel de vlam uit. De halwa wordt mogelijk niet onmiddellijk gestold, maar wordt dikker naarmate deze afkoelt.

76.Omaanse Mushaltat

INGREDIËNTEN:
VOOR HET DEEG:
- 4 kopjes bloem voor alle doeleinden
- 1 theelepel zout
- 1 eetlepel suiker
- 1 theelepel bakpoeder
- 1 kopje warm water
- 1/2 kop Melk
- 2 eetlepels Ghee, gesmolten

VOOR DE VULLING:
- 2 kopjes witte kaas (zoals Akkawi of Halloumi), versnipperd
- 1 kopje verse peterselie, gehakt
- 1/2 kopje groene uien, gehakt
- 1/2 kopje verse koriander, gehakt
- 1/2 kopje verse munt, gehakt
- 1/2 kop fetakaas, verkruimeld
- 1 theelepel zwarte sesamzaadjes (optioneel, voor garnering)

VOOR BORSTEL:
- 2 eetlepels Ghee, gesmolten

INSTRUCTIES:
BEREID HET DEEG:
a) Meng bloem voor alle doeleinden, zout, suiker en bakpoeder in een grote mengkom.
b) Voeg geleidelijk warm water en melk toe aan de droge ingrediënten en meng voortdurend.
c) Kneed het deeg totdat het glad en elastisch wordt.
d) Giet de gesmolten ghee over het deeg en blijf kneden tot het goed is opgenomen.
e) Dek het deeg af met een vochtige doek en laat het ongeveer 1 uur rusten.

BEREIDING VAN DE VULLING:
f) Meng in een aparte kom geraspte witte kaas, verse peterselie, groene uien, koriander, munt en verkruimelde feta.

MONTEER DE MUSHALTAT:
g) Verwarm de oven voor op 200°C.
h) Verdeel het rustende deeg in kleine porties. Rol elke portie tot een bal.
i) Rol een bal deeg uit tot een dunne cirkel op een met bloem bestoven oppervlak.
j) Schep een royale hoeveelheid kaas- en kruidenvulling op de ene helft van de deegcirkel.
k) Vouw de andere helft van het deeg over de vulling zodat er een halfronde vorm ontstaat. Sluit de randen af door ze tegen elkaar te drukken.
l) Plaats de geassembleerde Mushaltat op een bakplaat.

BAKKEN:
m) Bestrijk de bovenkant van elke Mushaltat met gesmolten ghee.
n) Strooi eventueel zwarte sesamzaadjes over de bovenkant ter garnering.
o) Bak in de voorverwarmde oven gedurende ongeveer 15-20 minuten of tot ze goudbruin zijn.
p) Eenmaal gebakken, laat de Mushaltat iets afkoelen voordat je hem serveert.
q) Serveer warm en geniet van de heerlijke smaken van Omani Mushaltat!

77.Omaanse dadelcake

INGREDIËNTEN:
- 2 kopjes All-purpose Flour
- 1 kopje boter, verzacht
- 1 kopje suiker
- 4 eieren
- 1 kopje dadelpasta
- 1 theelepel gemalen kardemom
- 1 theelepel bakpoeder
- 1/2 kopje gehakte noten (walnoten of amandelen)

INSTRUCTIES:
a) Verwarm de oven voor op 175°C. Vet een taartvorm in en bebloem hem.
b) Klop in een kom de boter en de suiker tot een licht en luchtig geheel.
c) Voeg de eieren één voor één toe en klop goed na elke toevoeging.
d) Meng de dadelpasta, gemalen kardemom en gehakte noten erdoor.
e) Zeef de bloem en het bakpoeder, voeg geleidelijk toe aan het beslag en meng tot alles goed gemengd is.
f) Giet het beslag in de voorbereide cakevorm.
g) Bak ongeveer 40-45 minuten of totdat een tandenstoker die in het midden wordt gestoken er schoon uitkomt.
h) Laat de cake afkoelen voordat je hem aansnijdt.

78.Omaanse Qamar al-Din-pudding

INGREDIËNTEN:
- 1 kopje gedroogde abrikozenpasta (Qamar al-Din)
- 4 kopjes water
- 1/2 kopje suiker (aanpassen aan smaak)
- 1/4 kopje maizena
- 1 theelepel oranjebloesemwater (optioneel)
- Gehakte noten ter garnering

INSTRUCTIES:
a) Los de abrikozenpasta in een pan op middelhoog vuur op in water.
b) Voeg suiker toe en roer tot het is opgelost.
c) Meng in een aparte kom maizena met een kleine hoeveelheid water tot een gladde pasta ontstaat.
d) Voeg geleidelijk de maïzenapasta toe aan het abrikozenmengsel, onder voortdurend roeren tot het dikker wordt.
e) Haal van het vuur en roer er eventueel oranjebloesemwater door.
f) Giet het mengsel in serveerschalen en laat het afkoelen.
g) Zet in de koelkast tot het is ingesteld.
h) Garneer voor het serveren met gehakte noten.

79.Kardemom Rijstpudding

INGREDIËNTEN:
- 1 kop basmatirijst
- 4 kopjes melk
- 1 kopje suiker
- 1 theelepel gemalen kardemom
- 1/2 kop rozijnen
- Gehakte amandelen ter garnering

INSTRUCTIES:
a) Spoel de basmatirijst af en kook deze tot hij bijna gaar is.
b) Verwarm de melk en de suiker in een aparte pan op middelhoog vuur en roer tot de suiker is opgelost.
c) Voeg de gedeeltelijk gekookte rijst toe aan het melkmengsel.
d) Roer de gemalen kardemom erdoor en voeg de rozijnen toe.
e) Kook op laag vuur tot de rijst volledig gaar is en het mengsel dikker wordt.
f) Haal van het vuur en laat afkoelen.
g) Zet in de koelkast tot het gekoeld is.
h) Garneer voor het serveren met gehakte amandelen.

80.Omani Luqaimat (zoete dumplings)

INGREDIËNTEN:
- 2 kopjes All-purpose Flour
- 1 eetlepel suiker
- 1 theelepel gist
- 1 kopje warm water
- Olie om te frituren
- Sesamzaad en honing ter garnering

INSTRUCTIES:
a) Meng de bloem, suiker, gist en warm water in een kom tot een glad beslag. Laat het ongeveer 1-2 uur rijzen.
b) Verhit olie in een diepe pan.
c) Laat met een lepel kleine porties van het beslag in de hete olie vallen, zodat er kleine dumplings ontstaan.
d) Bak tot ze goudbruin zijn.
e) Haal uit de olie en laat uitlekken op keukenpapier.
f) Besprenkel met honing en strooi sesamzaadjes voor het serveren.

81. Omaanse rozenkoekjes (Qurabiya)

INGREDIËNTEN:
- 2 kopjes griesmeel
- 1 kopje ghee, gesmolten
- 1 kopje poedersuiker
- 1 theelepel rozenwater
- Gehakte pistachenoten voor garnering

INSTRUCTIES:
a) Meng griesmeel, gesmolten ghee, poedersuiker en rozenwater in een kom tot een deeg.
b) Vorm het deeg tot kleine koekjes.
c) Plaats de koekjes op een bakplaat.
d) Bak in een voorverwarmde oven op 175°C gedurende ongeveer 15-20 minuten of tot ze goudbruin zijn.
e) Garneer met gehakte pistachenoten en laat ze afkoelen voordat je ze serveert.

82.Omaanse bananen- en dadeltaart

INGREDIËNTEN:
- 1 vel kant-en-klaar bladerdeeg
- 3 rijpe bananen, in plakjes gesneden
- 1 kopje dadels, ontpit en gehakt
- 1/2 kopje honing
- Gehakte noten ter garnering

INSTRUCTIES:
a) Rol het bladerdeegblad uit en leg het in een taartvorm.
b) Verdeel de gesneden bananen en de gehakte dadels over het deeg.
c) Druppel honing over de vruchten.
d) Bak in een voorverwarmde oven op 190°C gedurende ongeveer 20-25 minuten of tot het deeg goudbruin is.
e) Garneer voor het serveren met gehakte noten.

83.Omaans saffraanijs

INGREDIËNTEN:
- 2 kopjes zware room
- 1 kopje gecondenseerde melk
- 1/2 kopje suiker
- 1 theelepel saffraandraadjes, geweekt in warm water
- Gehakte pistachenoten voor garnering

INSTRUCTIES:
a) Klop de slagroom in een kom tot er stijve pieken ontstaan.
b) Meng in een aparte kom de gecondenseerde melk, suiker en met saffraan doordrenkt water.
c) Spatel het gecondenseerde melkmengsel voorzichtig door de slagroom.
d) Doe het mengsel in een bakje en vries het minimaal 4 uur in.
e) Garneer voor het serveren met gehakte pistachenoten.

84.Omaanse Crème Karamel (Muhallabia)

INGREDIËNTEN:
- 1/2 kop rijstmeel
- 4 kopjes melk
- 1 kopje suiker
- 1 theelepel rozenwater
- 1 theelepel oranjebloesemwater
- Gehakte pistachenoten voor garnering

INSTRUCTIES:
a) Los in een pan rijstmeel op in een kleine hoeveelheid melk, zodat er een gladde pasta ontstaat.
b) Verwarm de resterende melk en suiker in een aparte pan op middelhoog vuur.
c) Voeg de rijstmeelpasta toe aan het melkmengsel en roer voortdurend tot het mengsel dikker wordt.
d) Haal van het vuur en roer het rozenwater en oranjebloesemwater erdoor.
e) Giet het mengsel in serveerschalen en laat het afkoelen.
f) Zet in de koelkast tot het is ingesteld.
g) Garneer voor het serveren met gehakte pistachenoten.

DRANKJES

85.Kasjmir Kahwa

INGREDIËNTEN:
- 4 kopjes water
- 4-5 groene kardemompeulen, geplet
- 4-5 hele kruidnagels
- 1 kaneelstokje
- 1 theelepel fijn geraspte verse gember
- 2 eetlepels groene theeblaadjes
- Een snufje saffraandraadjes
- 4-5 amandelen, geblancheerd en in plakjes gesneden
- 4-5 pistachenoten, gehakt
- Honing of suiker naar smaak

INSTRUCTIES:
a) Breng in een pan 4 kopjes water aan de kook.
b) Voeg groene kardemompeulen, hele kruidnagels, kaneelstokje en fijn geraspte verse gember toe aan het kokende water.
c) Laat de kruiden 5-7 minuten sudderen om hun smaken in het water te laten trekken.
d) Zet het vuur laag en voeg groene theeblaadjes toe aan het gekruide water.
e) Laat de thee ongeveer 2-3 minuten trekken. Zorg ervoor dat u niet te veel steil maakt om bitterheid te voorkomen.
f) Voeg een snufje saffraandraadjes toe aan de thee, waardoor deze zijn levendige kleur en subtiele smaak krijgt.
g) Roer de geblancheerde en gesneden amandelen erdoor, evenals de gehakte pistachenoten.
h) Zoet de Kashmiri Kahwa naar eigen voorkeur met honing of suiker. Roer goed om op te lossen.
i) Zeef de Kashmiri Kahwa in kopjes of kleine kommen om de theebladeren en de hele kruiden te verwijderen.
j) Serveer de thee warm en garneer eventueel met extra noten.

86.Omaanse Sherbat

INGREDIËNTEN:
- 1 liter Melk
- 1 kopje suiker
- 1/2 kop Crème
- Enkele druppels Vanille Essence
- 1 theelepel gesneden amandelen
- 1 theelepel gesneden pistachenoten
- 1 eetlepel vanillevla
- 1 snufje Saffraan

INSTRUCTIES:
a) Kook de melk in een pan.
b) Voeg suiker, room, vanille-essence, vanillevla, saffraan, gesneden amandelen en gesneden pistachenoten toe aan de kokende melk.
c) Kook het mengsel op laag vuur tot de melk dikker wordt. Roer voortdurend om te voorkomen dat het aan de bodem blijft plakken.
d) Haal de pot van het vuur en laat de sherbat afkoelen tot kamertemperatuur.
e) Eenmaal afgekoeld, zet u het mengsel in de koelkast om goed af te koelen.
f) Omaanse Sherbat is nu klaar om geserveerd te worden.
g) Giet de gekoelde sherbat in glazen en garneer indien gewenst met extra gesneden amandelen en pistachenoten.

87.Omaanse muntlimonade (Limon w Nana)

INGREDIËNTEN:
- 4 citroenen, uitgeperst
- 1/2 kopje suiker
- 6 kopjes water
- Verse muntblaadjes
- Ijsblokjes

INSTRUCTIES:
a) Meng in een kruik het citroensap en de suiker tot de suiker is opgelost.
b) Voeg water toe en roer goed.
c) Plet een paar muntblaadjes en doe ze in de kan.
d) Zet minimaal 1 uur in de koelkast.
e) Serveer met ijsblokjes, gegarneerd met verse muntblaadjes.

88.Omaanse Sahlab

INGREDIËNTEN:
- 2 kopjes melk
- 2 eetlepels sahlabpoeder (gemalen orchideewortel)
- 2 eetlepels suiker
- 1/2 theelepel gemalen kaneel
- Gemalen pistachenoten voor garnering

INSTRUCTIES:
a) Verwarm de melk in een pan op middelhoog vuur.
b) Meng sahlab-poeder in een kleine kom met een beetje koude melk tot een gladde pasta.
c) Voeg de sahlabpasta en suiker toe aan de warme melk, onder voortdurend roeren tot het dikker wordt.
d) Haal van het vuur en laat afkoelen.
e) Giet het in serveerbekers, bestrooi met gemalen kaneel en garneer met gemalen pistachenoten.

89.Omaans Tamarindesap (Tamar Hindi)

INGREDIËNTEN:
- 1 kopje tamarindepasta
- 4 kopjes water
- Suiker (optioneel, naar smaak)
- Ijsblokjes
- Muntblaadjes ter garnering

INSTRUCTIES:
a) Meng tamarindepasta met water in een kruik.
b) Eventueel zoeten met suiker.
c) Roer goed totdat de tamarindepasta volledig is opgelost.
d) Zet minimaal 1 uur in de koelkast.
e) Serveer met ijsblokjes, gegarneerd met muntblaadjes.

90. Omaanse rozenwaterlimonade

INGREDIËNTEN:
- 4 citroenen, uitgeperst
- 1/4 kopje suiker (aanpassen aan smaak)
- 4 kopjes koud water
- 1 eetlepel rozenwater
- Ijsblokjes
- Verse rozenblaadjes ter garnering

INSTRUCTIES:
a) Meng in een kruik vers geperst citroensap en suiker.
b) Voeg koud water toe en roer tot de suiker is opgelost.
c) Roer het rozenwater erdoor.
d) Zet minimaal 1 uur in de koelkast.
e) Serveer met ijsblokjes en garneer met verse rozenblaadjes.

91.Omaanse Jallab

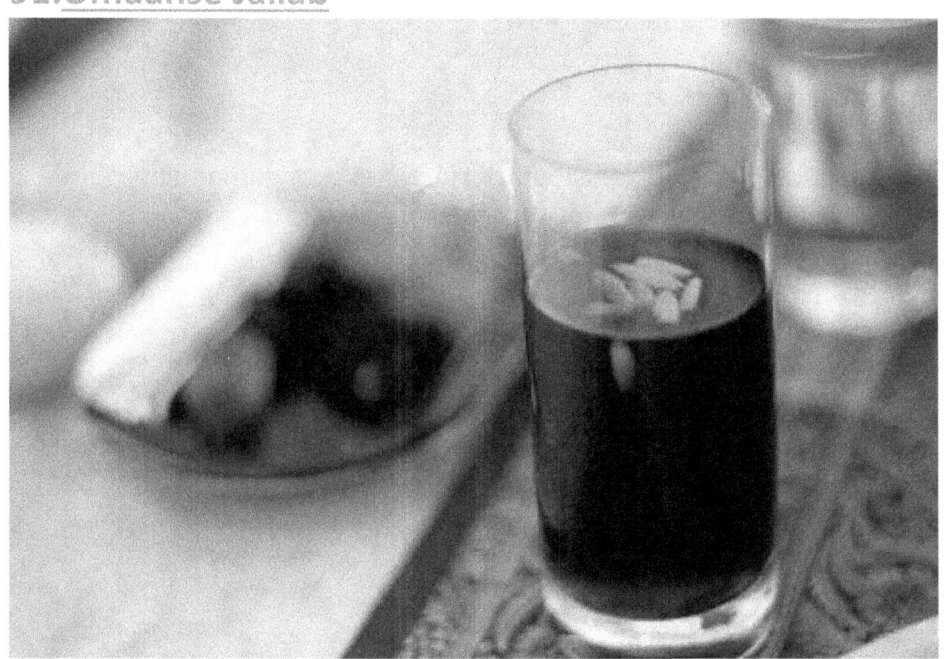

INGREDIËNTEN:
- 1 kopje druivenmelasse (dibs)
- 4 kopjes water
- 1 eetlepel rozenwater
- Ijsblokjes
- Pijnboompitten en gehakte pistachenoten voor garnering
- Rozijnen om te serveren

INSTRUCTIES:
a) Meng druivenmelasse met water in een kruik.
b) Voeg rozenwater toe en roer goed.
c) Zet minimaal 1 uur in de koelkast.
d) Serveer met ijsblokjes, gegarneerd met pijnboompitten en gehakte pistachenoten.
e) Voeg eventueel rozijnen toe aan elke portie.

92.Omaanse saffraanmelk (Haleeb al-Za'fran)

INGREDIËNTEN:
- 2 kopjes melk
- 1/4 theelepel saffraandraadjes, geweekt in warm water
- 2 eetlepels honing (naar smaak aanpassen)
- Gemalen kaneel voor garnering

INSTRUCTIES:
a) Verwarm de melk in een pan tot warm.
b) Voeg het met saffraan doordrenkte water en de honing toe en roer goed.
c) Giet in serveerbekers.
d) Garneer met een snufje gemalen kaneel.
e) Serveer warm.

93. Omaanse bananen-dadelsmoothie

INGREDIËNTEN:
- 2 rijpe bananen
- 1/2 kop dadels, ontpit en gehakt
- 1 kopje yoghurt
- 1 kopje melk
- Honing (optioneel, naar smaak)
- IJsblokjes

INSTRUCTIES:
a) Combineer rijpe bananen, gehakte dadels, yoghurt en melk in een blender.
b) Mixen tot een gladde substantie.
c) Eventueel zoeten met honing.
d) Voeg ijsblokjes toe en mix opnieuw.
e) Giet in glazen en serveer gekoeld.

94.Omaanse granaatappelmocktail

INGREDIËNTEN:
- 1 kopje granaatappelsap
- 1/2 kop sinaasappelsap
- 1/4 kopje citroensap
- Mineraalwater
- Suiker (optioneel, naar smaak)
- Ijsblokjes
- Sinaasappelschijfjes ter garnering

INSTRUCTIES:
a) Meng granaatappelsap, sinaasappelsap en citroensap in een kruik.
b) Eventueel zoeten met suiker.
c) Vul glazen met ijsblokjes.
d) Giet het sapmengsel over het ijs.
e) Top af met sodawater.
f) Garneer met sinaasappelschijfjes.

95.Omaanse saffraanlimonade

INGREDIËNTEN:
- 4 citroenen, uitgeperst
- 1/4 theelepel saffraandraadjes, geweekt in warm water
- 1/2 kopje suiker (aanpassen aan smaak)
- 4 kopjes koud water
- Ijsblokjes
- Verse muntblaadjes ter garnering

INSTRUCTIES:
a) Meng in een kruik vers geperst citroensap, met saffraan doordrenkt water en suiker.
b) Voeg koud water toe en roer tot de suiker is opgelost.
c) Zet minimaal 1 uur in de koelkast.
d) Serveer met ijsblokjes en garneer met verse muntblaadjes.

96.Omaanse kaneel-dadelshake

INGREDIËNTEN:
- 1 kopje dadels, ontpit en gehakt
- 2 kopjes melk
- 1/2 theelepel gemalen kaneel
- Honing (optioneel, naar smaak)
- Ijsblokjes

INSTRUCTIES:
a) Combineer gehakte dadels, melk en gemalen kaneel in een blender.
b) Mixen tot een gladde substantie.
c) Eventueel zoeten met honing.
d) Voeg ijsblokjes toe en mix opnieuw.
e) Giet in glazen en serveer gekoeld.

97.Omaanse kokos-kardemomshake

INGREDIËNTEN:
- 1 kopje kokosmelk
- 1 kopje yoghurt
- 1/2 theelepel gemalen kardemom
- Suiker of honing (naar smaak aanpassen)
- IJsblokjes
- Geroosterde kokosnootvlokken ter garnering

INSTRUCTIES:
a) Meng in een blender kokosmelk, yoghurt, gemalen kardemom en zoetstof.
b) Meng tot alles goed gemengd is.
c) Voeg ijsblokjes toe en mix opnieuw.
d) Giet in glazen en garneer met geroosterde kokosnootvlokken.

98. Omaanse muntachtige groene thee

INGREDIËNTEN:
- 2 groene theezakjes
- 4 kopjes heet water
- 1/4 kopje verse muntblaadjes
- Suiker of honing (naar smaak aanpassen)
- Ijsblokjes
- Citroenschijfjes ter garnering

INSTRUCTIES:
a) Laat de groene theezakjes ongeveer 3-5 minuten in heet water trekken.
b) Voeg verse muntblaadjes toe aan de hete thee.
c) Zoet met suiker of honing en roer goed.
d) Laat de thee afkoelen en zet hem vervolgens in de koelkast.
e) Serveer met ijsblokjes, gegarneerd met schijfjes citroen.

99.Omaanse oranjebloesem-ijsthee

INGREDIËNTEN:
- 4 zwarte theezakjes
- 4 kopjes heet water
- 1/4 kopje oranjebloesemwater
- Suiker of honing (naar smaak aanpassen)
- Ijsblokjes
- Sinaasappelschijfjes ter garnering

INSTRUCTIES:
a) Laat de zwarte theezakjes ongeveer 3-5 minuten in heet water trekken.
b) Voeg oranjebloesemwater toe en zoet het met suiker of honing.
c) Roer goed en laat de thee afkoelen en vervolgens in de koelkast zetten.
d) Serveer met ijsblokjes, gegarneerd met sinaasappelschijfjes.

100.Omaanse granaatappelmuntkoeler

INGREDIËNTEN:
- 1 kopje granaatappelsap
- 1/2 kop verse muntblaadjes
- 1 eetlepel honing
- 4 kopjes koud water
- Ijsblokjes
- Granaatappelpitjes ter garnering

INSTRUCTIES:
a) Meng granaatappelsap, verse muntblaadjes en honing in een blender.
b) Blend tot de munt fijngehakt is.
c) Zeef het mengsel in een kan.
d) Voeg koud water toe en roer goed.
e) Zet minimaal 1 uur in de koelkast.
f) Serveer met ijsblokjes en garneer met granaatappelpitjes.

CONCLUSIE

Nu we onze verkenning van "De rijke smaken van oman" afsluiten, betuigen we onze oprechte dankbaarheid voor de deelname aan dit culinaire avontuur door het levendige gastronomische landschap van het Sultanaat. We hopen dat deze recepten niet alleen je smaakpapillen hebben geprikkeld, maar ook een kijkje hebben gegeven in het hart en de ziel van de Omaanse cultuur.

Dit kookboek is meer dan een compilatie van recepten; het is een eerbetoon aan de authenticiteit van de Omaanse keuken en de mensen die genereus hun culinaire erfgoed hebben gedeeld. Terwijl u geniet van de laatste hapjes van deze gerechten, moedigen wij u aan om de geest van de Omaanse smaken naar uw eigen keuken te brengen, een brug te slaan tussen culturen en waardering te kweken voor de rijke culinaire tradities van dit prachtige land.

Mogen de herinneringen die rond deze recepten worden gecreëerd net zo blijvend zijn als de eeuwenoude tradities die hen inspireerden. Bedankt dat u "De rijke smaken van Oman" onderdeel heeft gemaakt van uw culinaire reis. Totdat onze paden elkaar weer kruisen in de wereld van heerlijke ontdekkingen, gelukkig koken en "bil hana wa shifa" (op jouw gezondheid en geluk)!

www.ingramcontent.com/pod-product-compliance
Lightning Source LLC
Chambersburg PA
CBHW071327110526
44591CB00010B/1049